Jörg von Uthmann

Paris für Fortgeschrittene

Ein ungewöhnlicher Reiseführer

Hoffmann und Campe

Die Ziffern im Kreis verweisen auf die Stadtpläne

CIP-Kurztitelaufnahme der Deutschen Bibliothek

Uthmann, Jörg von:
Paris für Fortgeschrittene : e. ungewöhnl.
Reiseführer / Jörg von Uthmann. – 1. Aufl.
– Hamburg : Hoffmann und Campe, 1981.

ISBN 3-455-08776-0

Umschlaggestaltung und Einband Werner Rebhuhn
Gesetzt aus der Korpus Times-Antiqua
Satzherstellung Alfred Utesch GmbH, Hamburg
Druck- und Bindearbeiten Ebner Grafische Betriebe, Ulm
Printed in Germany

INHALT

ERSTER SPAZIERGANG

DER LOUVRE UND SEINE UMGEBUNG

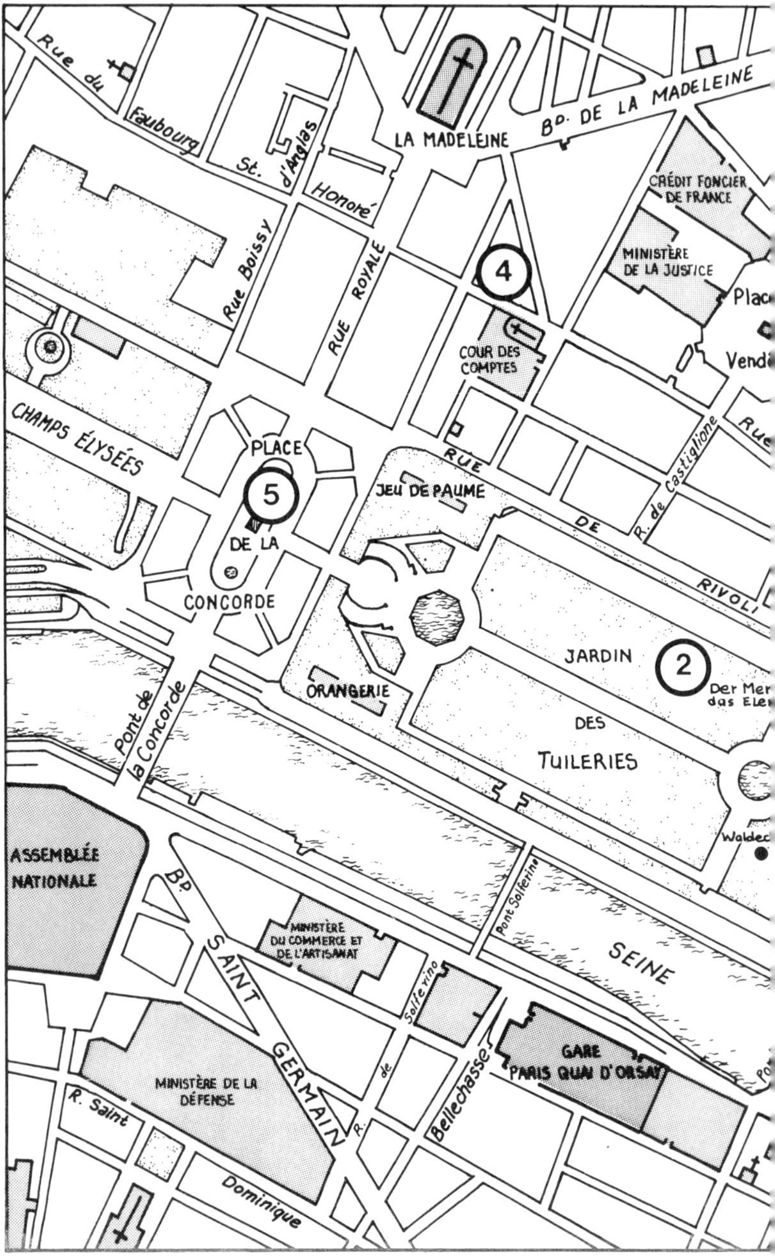

Rue du Faubourg St. Honoré
Rue Boissy d'Anglas
LA MADELEINE
Bd. DE LA MADELEINE
CRÉDIT FONCIER DE FRANCE
MINISTÈRE DE LA JUSTICE
Plac
Vend
4
RUE ROYALE
COUR DES COMPTES
CHAMPS ÉLYSÉES
PLACE
5
DE LA
CONCORDE
JEU DE PAUME
RUE DE RIVOLI
R. de Castiglione
Rue
JARDIN
DES
TUILERIES
2
Der Mer
das Ele
ORANGERIE
Pont de la Concorde
Waldec
ASSEMBLÉE NATIONALE
Bd. SAINT GERMAIN
MINISTÈRE DU COMMERCE ET DE L'ARTISANAT
Pont Solferino
SEINE
R. de Solferino
Bellechasse
GARE PARIS QUAI D'ORSAY
MINISTÈRE DE LA DÉFENSE
R. Saint Dominique

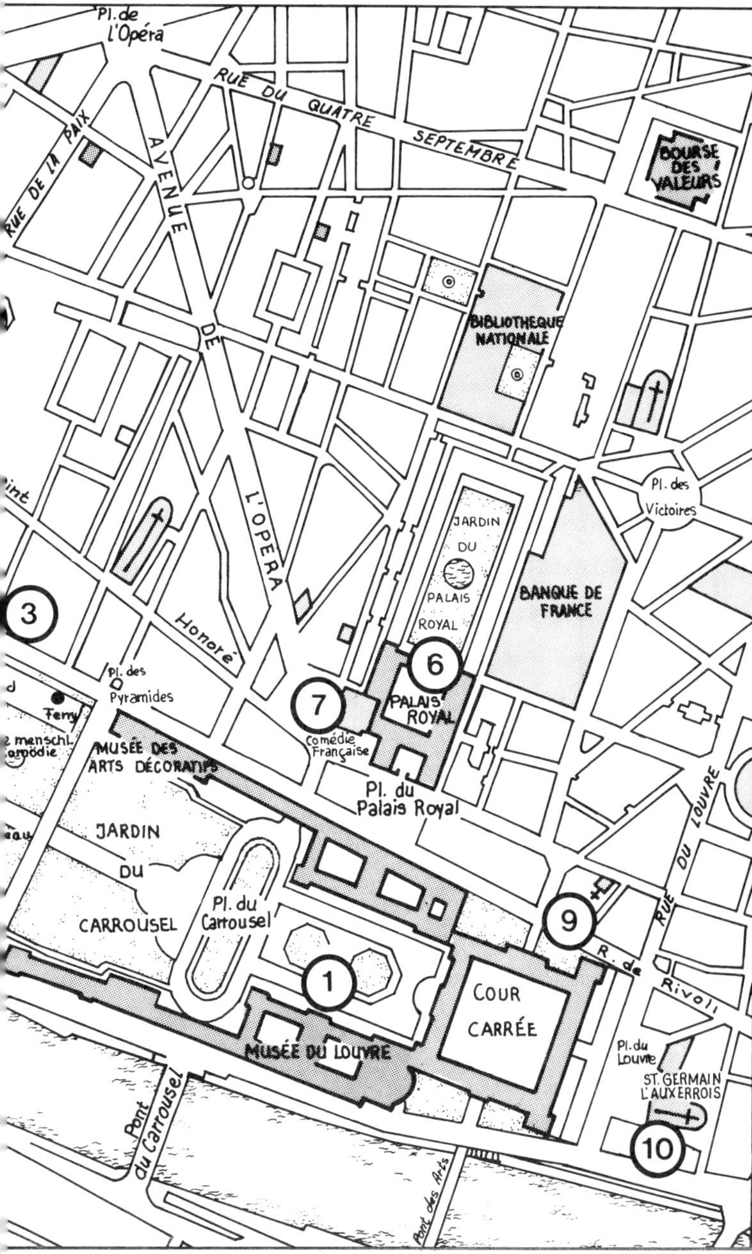
Pl. de l'Opéra
RUE DU QUATRE SEPTEMBRE
RUE DE LA PAIX
AVENUE DE L'OPERA
BOURSE DES VALEURS
BIBLIOTHEQUE NATIONALE
Pl. des Victoires
JARDIN DU PALAIS ROYAL
BANQUE DE FRANCE
Honoré
3
Pl. des Pyramides
Ferry
MUSÉE DES ARTS DÉCORATIFS
6
PALAIS ROYAL
7
Comédie Française
Pl. du Palais Royal
JARDIN DU CARROUSEL
Pl. du Carrousel
CARROUSEL
RUE DU LOUVRE
9
R. de Rivoli
1
COUR CARRÉE
MUSÉE DU LOUVRE
Pl. du Louvre
ST. GERMAIN L'AUXERROIS
10
Pont du Carrousel
Pont des Arts

Rund 400 000 Kunstwerke beherbergt der *Louvre* ①; davon sind etwa 20 000 ausgestellt. Kein Wunder, daß die meisten Besucher angesichts dieser Überfülle kopfscheu werden und, nachdem sie Venus von Milo und Mona Lisa glücklich entdeckt, sich allenfalls noch zum Rubens-Saal durchgekämpft haben, erschöpft das Weite suchen.
Dabei bietet sich hier die seltene Gelegenheit, die jedem Opernfreund ans Herz gewachsenen ägyptischen Gottheiten Isis und Osiris persönlich in Augenschein zu nehmen: In der sogenannten Osiris-Krypta (Südflügel der Cour Carrée, Untergeschoß) kniet die Zauberin Isis vor ihrem ermordeten Gatten, dem Acker- und Totengott Osiris, und betet für dessen Auferstehung. Das Gebet wird freilich nur zum Teil erhört: Osiris erwacht für kurze Zeit wieder zum Leben, lange genug immerhin, um den Sonnengott Horus zu zeugen. Danach kehrt er ins Totenreich zurück.

Mumifizierte Katzen in der ägyptischen Abteilung des Louvre

Das innige Verhältnis der alten Ägypter zum Tode kommt auch in einer Reihe höchst amüsanter Tiermumien zum Ausdruck, die wir ebenfalls in der Osiris-Krypta bewundern können. Mit liebevoller Hingabe wurden Katzen, Hunde, Vögel und kleine Krokodile für die Ewigkeit präpariert, nicht zu vergessen den ausgewachsenen Widder von der Nekropole in Elephantine und den Nilhecht, der nach ägyptischer Überlieferung die Stirn hatte, das Glied des ermordeten Osiris zu verspeisen.
Die Krypta wird überwölbt von einem runden Sandsteinrelief, dem berühmten Tierkreis aus dem Hathor-Tempel in Dendera. Dieses Relief stand zu Anfang des vorigen Jahrhunderts im Mittelpunkt einer heftigen wissenschaftlichen Kontroverse: Einige Gelehrte hatten das Alter der Scheibe auf 15 000 Jahre beziffert. Damit forderten sie den Widerspruch der katholischen Kirche heraus, die, gestützt auf die Bibel, die Schöpfung der Welt auf einen weit späteren Zeitpunkt ansetzte. Der Streit fand ein unerwartetes Ende, als Jean-François Champollion, dem 1822 bereits die Entzifferung des Steins von Rosette gelungen war (heute im British Museum), in der Umschrift der Scheibe die Worte »Kaiser Nero« entdeckte – ein Beitrag zur Stabilisierung des christlichen Weltbilds, für den ihm der Heilige Vater persönlich dankte.
Schon lange vor Champollion hatte sich der Jesuit Athanasius Kircher, der Erfinder der Laterna magica, um die Entzifferung der Hieroglyphen bemüht. Sein Studienobjekt waren die Sockel der beiden Sphinxe oberhalb der Treppe, die zur Osiris-Krypta hinabführt. Da er mit der Entzifferung nicht zu Rande kam, verfiel er darauf, die rätselhaften Schriftzeichen durch selbsterfundene zu ergänzen – eine weitere Illustration zum Verhältnis von Kirche und Wissenschaft.
Ebenso wie das alte Ägypten stand auch das Mittelalter mit dem Tod auf vertrautem Fuß. Was jenem die Mumien

bedeuteten, waren für dieses die Reliquien. Ihre Vielzahl konnte den Frommen selbst dann nicht verwirren, wenn sie die Gesetze der Natur weit hinter sich ließ. Spitzenreiter waren Johannes der Täufer mit sechzig Fingern und die heilige Juliana mit vierzig Köpfen, während sich die Schutzpatronin gegen Vulkanausbrüche, die heilige Agatha – bereits zu Lebzeiten ein Muster der Bescheidenheit –, mit fünf Brüsten begnügte. Auch Karl der Große, auf Befehl Barbarossas vom Gegenpapst Paschalis heiliggesprochen, hat lediglich fünf Arme hinterlassen: Vier davon befinden sich im Aachener Münster; der fünfte wird in einem emaillierten Schrein im Ostflügel der Cour Carrée (1. Etage, Saal 4) aufbewahrt.

Daß auch die Bourbonen Reliquien hinterlassen haben, die man im Louvre besichtigen kann, ist dagegen ein wohlgehütetes Geheimnis, das nicht einmal den Museumswärtern bekannt sein dürfte. Es handelt sich um die Herzen von 45 Prinzen und Prinzessinnen aus königlichem Geblüt, die – jeweils in einer kleinen Emaillekapsel – zwischen 1662 und 1789 in der Kirche Val-de-Grâce beigesetzt wurden. 1793, auf dem Höhepunkt des Terrors, wurde die Kirche – ebenso wie die königliche Grablege in St. Denis – geplündert: Man riß die Herzen aus den Kapseln und verkaufte sie an den elsässischen Maler Martinus Drolling, der sie im Mörser zerstampfte und daraus eine rote Farbe von eigentümlicher Transparenz, die sogenannte »mumie«, bereitete. Im Südflügel der Cour Carrée (2. Etage, Saal 1) hängt ein Küchen-Interieur von Drolling: Abgebildet sind zwei mit Handarbeiten beschäftigte Frauen; die Frau im Vordergrund stopft gerade ein großes rotes Tuch – nebenbei ein unwiderleglicher Beweis dafür, daß vom »blauen Blut« der Aristokraten keine Rede sein kann.

Leuchtend blau präsentiert sich hingegen das Prunkbett Ludwigs XVIII., das im Westflügel der Cour Carrée (1. Etage, Saal 37) gezeigt wird. Dieser eher glanzlose

Monarch, der sich bei den Historikern keines besonders guten Rufes erfreut, besaß immerhin die Klugheit, die von der Revolution erstrittenen Grundrechte, die zentralisierte Verwaltung, das Steuersystem, die napoleonischen Adelstitel und die Ehrenlegion unangetastet zu lassen. Nur mit der Trikolore wollte er nichts zu tun haben. Sein Bett – das man sich übrigens keinesfalls als Tummelplatz außerehelicher Exzesse im Stile Ludwigs XV. vorstellen darf – ist daher über und über mit bourbonischen Lilien geschmückt. Neben der Wiege des Königs von Rom und dem silbernen Waschbecken Napoleons (Saal 36), das er mit in die Verbannung nahm und bis zu seinem Tode benutzte, ist es das persönlichste Stück in der riesigen Möbelsammlung des Louvre.

Dieses Denkmal skandalisierte die Sittenwächter des Zweiten Kaiserreichs: Carpeaux' »Tanz« vor der Oper

Auch am äußersten westlichen Ende des Museums, dem Pavillon de Flore, spielte die blaue Farbe eine bezeichnende Rolle. Dort (Erdgeschoß, Saal 12) steht nämlich das Original der wegen ihrer Unanständigkeit berüchtigten Skulptur von Jean-Baptiste Carpeaux: »Der Tanz«. Diese Skulptur war 1869 für die Fassade der neuen Oper angefertigt worden (wo heute eine Kopie zu sehen ist). Ihre wilde Üppigkeit und entfesselte Kraft empörten die Sittenwächter des Zweiten Kaiserreichs, die zwar gegen Ausschweifungen nichts einzuwenden hatten, jedoch auf Wahrung bürgerlicher Wohlanständigkeit Wert legten. In der Nacht vom 27. auf den 28. August 1869 schleuderte ein aufgebrachter Familienvater eine volle Tintenflasche gegen das Denkmal. Die Flecken blieben lange Zeit sichtbar und wurden erst vor einigen Jahren auf Betreiben eines konservatorischen Saubermanns entfernt, der dem vom Teufelsglauben allzu gründlich geheilten Kustos der Wartburg, der den Lutherschen Tintenfleck abwaschen ließ, würdig zur Seite steht. Pläne, die Skulptur durch eine harmlosere Darstellung desselben Themas zu ersetzen – wie dies dreißig Jahre später mit dem Balzac-Denkmal von Rodin geschah –, wurden durch den verlorenen Krieg und den Sturz des Kaisers gegenstandslos.*
Die auf der Carpeaux-Plastik verschwundenen blauen Flecken können wir statt dessen auf dem Denkmal von Waldeck-Rousseau im *Tuileriengarten* ② bewundern. Dieser fortschrittliche Politiker hatte 1884 das Gesetz durchgebracht, das die Gewerkschaften in Frankreich legalisierte; Deutschland mußte darauf bis 1916 warten. Als Regierungschef betrieb er die Begnadigung des verbannten

*Der Louvre ist täglich außer dienstags von 9:45 bis 17:45 Uhr geöffnet, die wichtigsten Säle sogar bis 20 Uhr. Wegen Personalknappheit bleiben manche Abteilungen allerdings häufig geschlossen. Zu empfehlen ist der Besuch montags oder mittwochs: An diesen Tagen sind in der Regel alle Säle zugänglich.

Artilleriehauptmanns Dreyfus: Es gelang ihm, die Krise, die das Land seit Jahren in zwei Lager zerriß, zu beenden. Sein antiklerikales Vereinsgesetz bereitete die Trennung von Staat und Kirche (1905) vor, die das öffentliche Leben Frankreichs bis heute prägt. Das Denkmal würdigt lediglich Waldeck-Rousseaus sozialpolitische Verdienste: Eine weibliche Figur mit Jakobinermütze – die Frankreich symbolisierende Marianne – führt ihm zwei dankbar auf-

Laokoon à la française: »Der Mensch und das Elend« im Tuileriengarten

blickende nackte Arbeiter zu. Sind es reaktionäre Unternehmer, Antisemiten oder unverbesserliche Ultramontane, die das Denkmal immer wieder besudeln? Die Polizei weiß darauf keine Antwort.
In der Nordostecke des Tuileriengartens steht ein zweites Monument, das von der Kirche ebenfalls scheel angesehen wird. Gewidmet ist es Jules Ferry, der 1881 den Jesuitenorden in Frankreich auflöste. Ein Jahr später verhalf er den antiklerikalen Unterrichtsgesetzen zum Durchbruch, die den Besuch staatlicher Volksschulen zur Pflicht machten und dadurch die Kirche von ihrem wichtigsten Nachschub-Reservoir abschnitten. Das Denkmal zeigt Ferry, wie er seine »Schule ohne Gott« vom Rostrum der Nationalversammlung verteidigt. Auch Marianne tritt wieder in Erscheinung: Diesmal führt sie nicht zwei nackte Arbeiter, sondern einen bekleideten Pennäler an der Hand. Auf der Rückseite des Denkmals ist vermerkt, daß es von zwei Millionen Schulkindern mit je einem Sou finanziert wurde.
Im gleichen Teil des Tuileriengartens verdienen zwei weitere Skulpturen unsere Aufmerksamkeit: »Der Mensch und das Elend«, eine unfreiwillig erheiternde Variante der Laokoon-Gruppe, und »Die menschliche Komödie«, verkörpert durch eine üppige Dame, die dem Betrachter – je nachdem, von welcher Seite er sie ansieht – ein lachendes oder leidgeprüftes Antlitz zuneigt.
Jenseits des Parkgitters, 202 Rue de Rivoli, steht das vor kurzem gründlich renovierte *Hôtel St. James et Albany* (3). Hier macht Thomas Manns Romanheld Felix Krull als Liftboy und Kellner rasch Karriere. Mit seiner hübschen Visage und seinen artigen Manieren erobert er zunächst Madame Houpflé, die masochistische Gattin eines Straßburger Klosettschüsselfabrikanten; mit Wonne läßt sie sich von ihrem »süßen Heloten« bestehlen. Später fällt ihm der schottische Lord Kilmanrock zum Opfer, der ihn mit auf sein Schloß nehmen und adoptieren will. Krull – oder

»Armand«, wie ihn der Hoteldirektor getauft hat – gibt seine Stellung jedoch erst auf, als sich die Gelegenheit bietet, als Doppelgänger eines jungen Tunichtguts eine Weltreise anzutreten.
Eine Gedenktafel am rückwärtigen Eingang des Hotels, 211 Rue St. Honoré, erinnert daran, daß hier der populäre Held des amerikanischen Unabhängigkeitskrieges, General Lafayette, ein fünfzehnjähriges Fräulein de Noailles heiratete; seinen einzigen Sohn nannte er George Washington.
Ein paar Blocks weiter westlich, 398 Rue St. Honoré (4), in der ersten Etage des Hinterhauses, bezog am 17. Juli 1791 der starke Mann der Französischen Revolution, Maximilien *Robespierre,* zwei bescheidene Zimmer. Sein Wirt, der Tischlermeister Duplay, war ein begeisterter Jakobiner; Tochter Leonore interessierte sich dagegen mehr für die bunten Westen und Spitzenmanschetten des Untermieters. Gelegentliche Spaziergänge mit ihm auf den nahegelegenen Champs-Elysées sind das Gewagteste, was über das Liebesleben des »Unbestechlichen« bekannt geworden ist. Hier empfing er seine Parteifreunde und Spitzel, hier bereitete er seine Reden für den Wohlfahrtsausschuß vor, hier schließlich wurde die Hinrichtung der königlichen Familie und seiner Kampfgefährten Danton und Desmoulins besiegelt.
Am 27. Juli 1794 – oder nach der neuen Zeitrechnung: am 9. Thermidor des Jahres II – ist er selbst an der Reihe: Er wird im Rathaus überwältigt und verhaftet. Bei dem Schußwechsel zerschmettert ihm ein Gendarm namens Merda den Unterkiefer. Einen Tag später wird er mit seinem Intimus Saint-Just zum Schafott geführt. Als der Karren an seiner Wohnung vorbeizieht, halten ihn ein paar Marktweiber an und umtanzen ihn mit wüstem Gekreisch. Der schwer bandagierte Robespierre nimmt von dem zügellosen Treiben kaum etwas wahr. Er weiß nicht, daß man am Vortag auch die Familie des Tischlers verhaftet und daß sich Mutter Duplay inzwischen im Gefängnis erhängt hat.

Nur noch eine Gedenktafel erinnert an die historische Rolle des Hauses. An der Stelle der Werkstatt befindet sich ein kleines Restaurant, »Le Robespierre«, dessen Speisezettel sich jedoch von revolutionären Neuerungen fernhält.
Die Guillotine stand damals am Eingang des Tuileriengartens auf der Place de la Révolution, die heute *Place de la Concorde* heißt ⑤. 1300 Köpfe waren hier gefallen, bevor den Diktator selbst sein Schicksal ereilte. Marie Antoinette, Charlotte Corday, Danton und Desmoulins – sie alle starben hier mit gelassener Würde. Malesherbes, der ehemalige Innenminister Ludwigs XVI., der den mutigen Versuch gemacht hatte, den König vor dem Konvent zu verteidigen, stolperte, als er die Stufen zum Schafott hinaufstieg. Zu Sanson, dem Scharfrichter, gewandt, sagte er: »Schlechtes Vorzeichen. Ein Römer würde umkehren.« Nur Madame Dubarry, die altgewordene Geliebte Ludwigs XV., die die Unklugheit besessen hatte, vorzeitig ihr englisches Exil zu verlassen, verlor angesichts des blutigen Korbes mit den

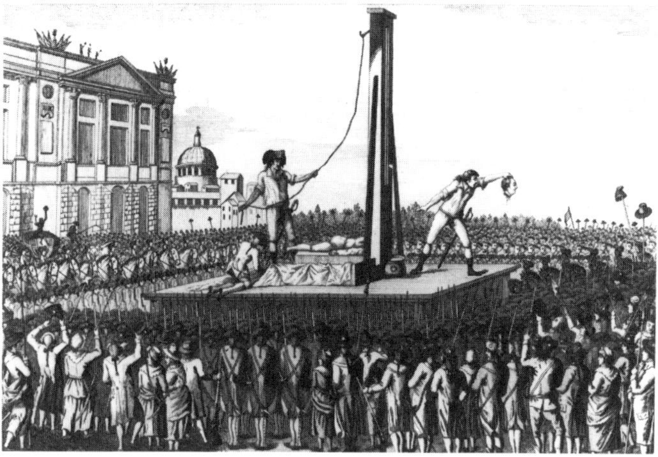

Hinrichtung Ludwigs XVI. auf der Place de la Révolution (heute: Place de la Concorde)

abgeschlagenen Köpfen die Fassung: »Bitte, noch eine Minute, Herr Henker, noch eine Minute!«, schrie sie gellend über den Platz. Es half ihr nichts. Im Gegenteil: Ihr heftiges Sträuben blockierte den Mechanismus der Maschine; die Schneide durchschlug ihren Hals nur zur Hälfte, so daß Sanson zur Axt greifen mußte, um sein Werk zu vollenden.
Zur Enthauptung des Königs hatte man die Guillotine an der gegenüberliegenden Seite des Platzes aufgebaut, ungefähr da, wo jetzt das Denkmal der Stadt Brest steht. Im Oktober 1795 beschloß der Konvent zum großen Kummer der Pariser Bevölkerung, die Hinrichtungen einzustellen. Als Chateaubriand fünf Jahre später aus London zurückkehrte, kam sein Hausmeister, der alte Mirande, aus dem Schwärmen nicht heraus: »Ich sage Ihnen, Monsieur le Vicomte, Sie haben etwas verpaßt. Jeden Tag Herzoginnen, Gräfinnen und große Damen, die im Henkerskarren vorbeifuhren. Diese feinen Hemden, diese weißen Hälse! Und wenn dann der Kopf fiel – ja, das waren große Tage! Heute – nichts. Man hat das Volk um sein schönstes Vergnügen gebracht.«
Im Nordosten des Platzes steht eine allegorische Darstellung der Stadt Straßburg. In den Jahren zwischen 1871 und 1918, als das Elsaß zum Deutschen Reich gehörte, war sie regelmäßig Ziel nationaler Trauerkundgebungen. Die Gesichtszüge der Figur gleichen, wie Kenner herausgefunden haben, denen der langjährigen Geliebten Victor Hugos, Juliette Drouet, die damals noch mit dem Bildhauer der Statue, Pradier, liiert war.
Die vier Pferde, die die Place de la Concorde beiderseits flankieren, stammen aus dem Park des zerstörten Schlosses von Marly bei Versailles. Die Gruppe im Westen gehört der Stadt, die im Osten dem französischen Staat, so daß man noch nie ihre gleichzeitige Reinigung erlebt hat.
Die Geburtsstunde der Französischen Revolution schlug im *Palais Royal*, dem Stadtschloß der Herzöge von Orléans (6).

Seit 1780 residierte hier der verschwendungssüchtige Louis Philippe Joseph, der sich in den Jahren des Terrors als »Philippe Egalité« einen wenig rühmlichen Namen machte: Zum Entsetzen seiner Standesgenossen stimmte er im Konvent sogar für den Tod Ludwigs XVI. Sein Opportunismus verschaffte ihm freilich nur eine kurze Atempause; dann endete auch er auf dem Schafott.
Um seine enormen Schulden zu tilgen, war er auf den Gedanken verfallen, das Erdgeschoß seines Palastes an Händler und Gastwirte zu verpachten. So entstand auf der Westseite (Galerie Montpensier, Nr. 56–60) das berühmte Café Foy, das – da die Polizei keinen Zutritt zum Palais Royal hatte – bald zum beliebtesten Treffpunkt der Mitglieder des Jakobinerklubs avancierte. Hier sprang am 13. Juli 1789 der junge Anwalt Camille Desmoulins auf einen Tisch und rief die Menge zur Eroberung der Bastille auf.
Das Café Foy gibt es nicht mehr, ebensowenig das Café des Aveugles (Peristyle Beaujolais, Nr. 103), das seinen Namen von den vier blinden Musikern herleitete, die zum Tanz aufspielten: Angeblich hatte man sie ausgewählt, um keine Augenzeugen bei den mehr als lockeren Szenen zu haben, die hier an der Tagesordnung waren.
Der Treffpunkt der Royalisten, das Restaurant »Le Grand Véfour« (Galerie Beaujolais, Nr. 79–86) existiert hingegen noch; es gilt – nicht ganz zu Recht – als eine der besten Küchen von Paris. Hier pflegte bereits Alexander von Humboldt zu speisen; allerdings war er nur schwer zu bewegen, etwas anderes zu bestellen als sein Leibgericht: Rinderbrust mit Bohnen. 1859 vergrößerte sich das Lokal um das benachbarte Café Véry, das in der Kunstgeschichte den traurigen Ruhm genießt, daß hier der alte Fragonard nach dem Genuß eines Eises verschied.
Im Ostflügel des Palais Royal (Galerie Valois, Nr. 177), wo heute das Kultusministerium seinen Sitz hat, erwarb Charlotte Corday beim Scherenschleifer Badin das Messer, mit

Camille Desmoulins ruft die Gäste des Café Foy zur Eroberung der Bastille auf

dem sie Marat erstach. Auf der Rückseite des Gebäudes, 11 Rue de Valois, erinnert ein Porträtmedaillon daran, daß hier von 1845 bis 1852 das Illusionstheater des »Vaters der modernen Magie«, Jean Eugène Robert-Houdin, stand. Er war der erste Zauberkünstler, der bei seinen »soirées fantastiques« die ganze Palette physikalischer Erkenntnisse zur Geltung brachte und damit unerhörte Effekte erzielte. König Louis Philippe, Königin Victoria und der Papst empfingen Robert-Houdin in Privataudienz und ließen sich seine Kunststücke vorführen. Sogar die französische Kolonialverwaltung rief ihn zu Hilfe: Sie lud ihn zu einer Tournee

Der sterbende Molière in der Rolle des eingebildeten Kranken

unter den kabylischen Medizinmännern ein, die im verborgenen gegen die Besatzungsmacht wühlten. Der Erfolg war durchschlagend: Von den Tricks ihres Kollegen förmlich geblendet, gaben die meisten den Widerstand auf. Noch heute beliebte Attraktionen wie die schwebende Jungfrau oder der nie versiegende Wasserkrug sind Robert-Houdins Erfindungen, übrigens auch der Taxameter. Auf der Industriemesse in Brüssel (1839) erregte seine »pendule mystérieuse«, eine gläserne Uhr ohne sichtbaren Antriebsmechanismus, höchste Verblüffung; sie ist heute im Wuppertaler Uhrenmuseum ausgestellt. Weitere Zauberapparate können wir auf Robert-Houdins Landsitz »La Prieuré« bei Blois bewundern, wohin er sich 1852 zurückzog.
Etwas weiter südlich, an der Ecke Rue de Valois/Rue St. Honoré, gab es eine zweite Bühne, das Théâtre du Petit Cardinal – so genannt nach dem Erbauer und ersten Hausherrn des Palais Royal, dem Kardinal Richelieu. Da er selber literarischen Ehrgeiz hatte, ließ er es sich nicht nehmen, das Theater mit einem eigenen Drama, »Mirame«, zu eröffnen. Hier wurde *Molière* bei der vierten Aufführung seines »Malade imaginaire«, als er während der Doktorpromotion gerade das Wort »Juro« (ich schwöre) aussprach, von einem heftigen Unwohlsein betroffen. Er hatte noch die Kraft, das Stück zu Ende zu spielen; danach brachte man ihn eilig in seine nahegelegene Wohnung (40 Rue Richelieu), wo er kurz darauf starb. Die zugleich tragische wie von subtilster Ironie erfüllte Szene – ein Todkranker, der einen Hypochonder spielt! – ist im Musée Grévin (S. 37) naturgetreu nachgestellt. 1763 brannte das Theater ab – nicht zuletzt deshalb, weil sich der Polizeipräsident und der Vorsteher der Kaufmannsgilde nicht darüber einigen konnten, wer die Löscharbeiten leiten sollte. Ein paar Requisiten konnten gerettet werden, darunter der Ledersessel, auf dem Molière seinen tödlichen Anfall erlitt. Er ist im Foyer der Comédie française auf der gegenüberliegenden Seite des

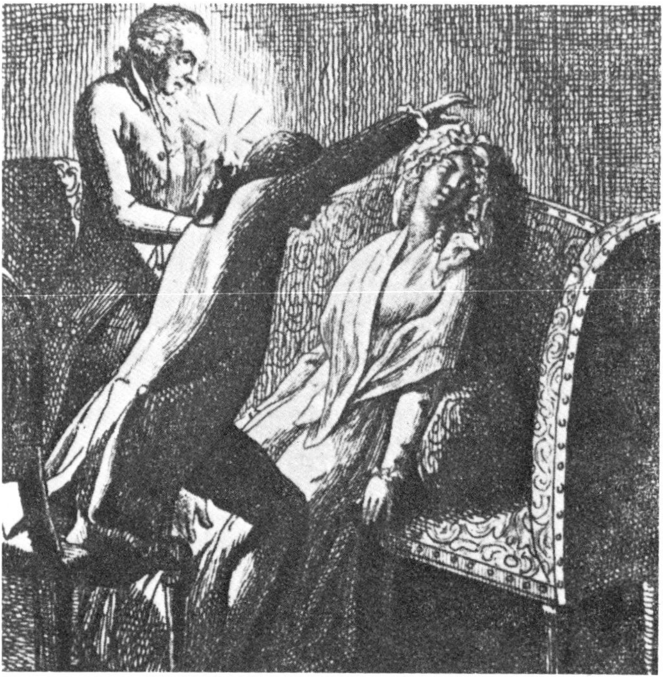

Der Magnetiseur Franz Anton Mesmer bei einer Séance

Lavoisier und der nachmals so berüchtigte Dr. Guillotin angehörten, kam zu einem vernichtenden Urteil. Seiner Beliebtheit tat dies keinen Abbruch, ebensowenig der Tod einiger Patienten. Erst die Revolution vertrieb den inzwischen schwerreich Gewordenen aus Paris.
Das Haus gegenüber (Nr. 13) ist das Justizministerium. Links vom Eingang wurde 1799 eine Marmorplatte angebracht, die die Pariser mit dem neu eingeführten metrischen System vertraut machen sollte; bis dahin waren als Längenmaße perche (Rute), toise (Klafter) und pied (Fuß) üblich gewesen. Entgegen einer weitverbreiteten Ansicht handelt

es sich hier nicht um das berühmte Urmeter: Dieses wird im Keller des Bureau International des Poids et Mesures in Sèvres bei gleichbleibender Temperatur und Luftfeuchtigkeit aufbewahrt und – ähnlich wie karfreitags der Gral – einmal im Jahr im Rahmen einer kleinen Zeremonie ans Tageslicht gehoben.

Im Nachbarhaus (Nr. 15) wohnte 1891–95 Theodor Herzl, damals Pariser Korrespondent der »Neuen Freien Presse«. Unter dem Schock der antisemitischen Hetze gegen den Artilleriehauptmann Dreyfus schrieb er hier das bahnbrechende Werk des säkularisierten Zionismus: »Der Judenstaat« (Gedenktafel). 1898 erwarb der Schweizer Bauernsohn César Ritz, der sich vom Tellerwäscher bis zum Geschäftsführer des Londoner »Carlton« emporgedient hatte, das Gebäude und machte daraus sein legendäres, allerdings nur für Ölmagnaten erschwingliches Hotel. Weniger betuchte Zeitgenossen können es aber auch um den Preis einer Kinokarte besichtigen: Billy Wilders Film »Love in the Afternoon« mit Audrey Hepburn, Cary Grant und Maurice Chevalier wurde in den Räumen des Hotels gedreht.

Wenn wir vom Palais Royal die Rue St. Honoré in der entgegengesetzten Richtung entlanggehen, stoßen wir nach etwa 500 m auf die evangelische *Kirche der Oratorianer* (9).

Hier wurden der Vater und die beiden Brüder der Marquise von Brinvilliers (S. 62) beerdigt, die ihren Giftmischerkünsten als erste zum Opfer fielen. Während der Revolution sind die Grabsteine mit der gesamten Innenausstattung leider verschwunden.

An der Apsis der Kirche, 160 Rue de Rivoli, steht ein überaus prunkvolles Denkmal des Admirals Coligny: An dieser Stelle wurde der Hugenottenführer, als er aus dem Louvre nach Hause ritt, durch einen Pistolenschuß verwundet. Hinter dem Anschlag stand niemand anderes als die Königinmutter, Katharina von Medici, selbst. Wäre er

geglückt, hätte sie sich mit dem Tod ihres Widersachers wohl zufriedengegeben. So aber mußte die gesamte protestantische Oberschicht daran glauben: Zwei Tage nach dem fehlgeschlagenen Attentat, am 24. August 1572 um halb zwei Uhr nachts, gaben die drei Glocken der Hofkirche *St. Germain l'Auxerrois* ⑩ das Startzeichen zu der furchtbaren Metzelei, die als Bartholomäusnacht in die französische Geschichte eingegangen ist. Von den drei Glocken ist noch eine, die »Marie«, erhalten; die beiden anderen wurden während der Revolution eingeschmolzen. (Der neugotische Belfried vor der Kirche, dessen Glockenspiel je nach der Tageszeit verschiedene Melodien zum besten gibt, stammt aus dem 19. Jahrhundert und hat mit der Bartholomäusnacht nichts zu tun.)
Im Innern der Kirche, am rechten Choreingang, dokumentiert eine Gedenktafel die rührende Sitte der Pariser Maler, sich jeweils am Aschermittwoch hier zu versammeln, um für die Kollegen zu beten, die im kommenden Jahr sterben werden.

Das Blutbad unter den Protestanten in der Bartholomäusnacht

ZWEITER SPAZIERGANG

NÖRDLICH DES PALAIS ROYAL

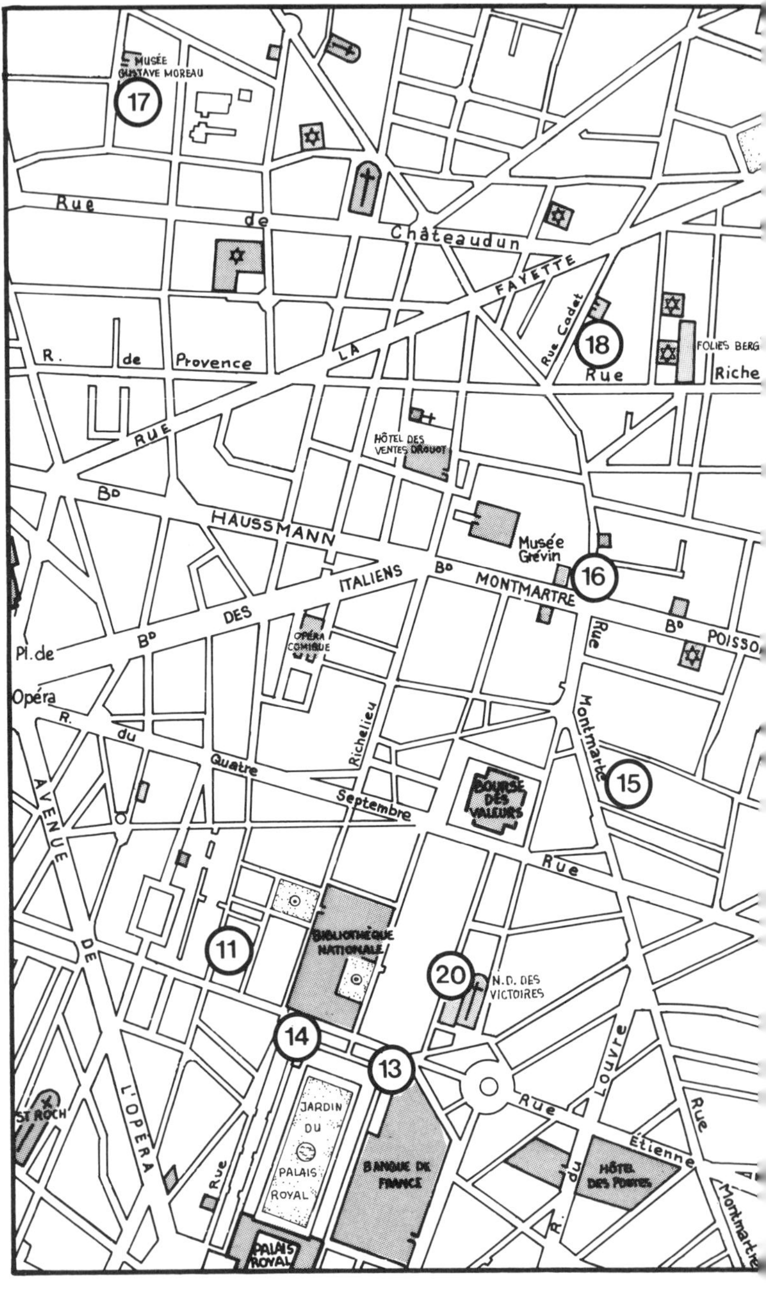

MUSÉE GUSTAVE MOREAU
17
Rue de Châteaudun
LA FAYETTE
Rue Cadet
18
FOLIES BERG
Rue Riche
R. de Provence
RUE
HÔTEL DES VENTES DROUOT
Bd HAUSSMANN
Musée Grévin
16
Bd MONTMARTRE
ITALIENS
Bd DES
Pl. de Opéra
OPÉRA COMIQUE
Bd POISSO
Rue Montmartre
R. du Quatre Septembre
Richelieu
BOURSE DES VALEURS
15
AVENUE DE L'OPERA
Rue
BIBLIOTHÈQUE NATIONALE
11
20
N.D. DES VICTOIRES
14
13
JARDIN DU PALAIS ROYAL
BANQUE DE FRANCE
ST ROCH
Rue Étienne
Rue du Louvre
HÔTEL DES POSTES
Rue Montmartre
PALAIS ROYAL

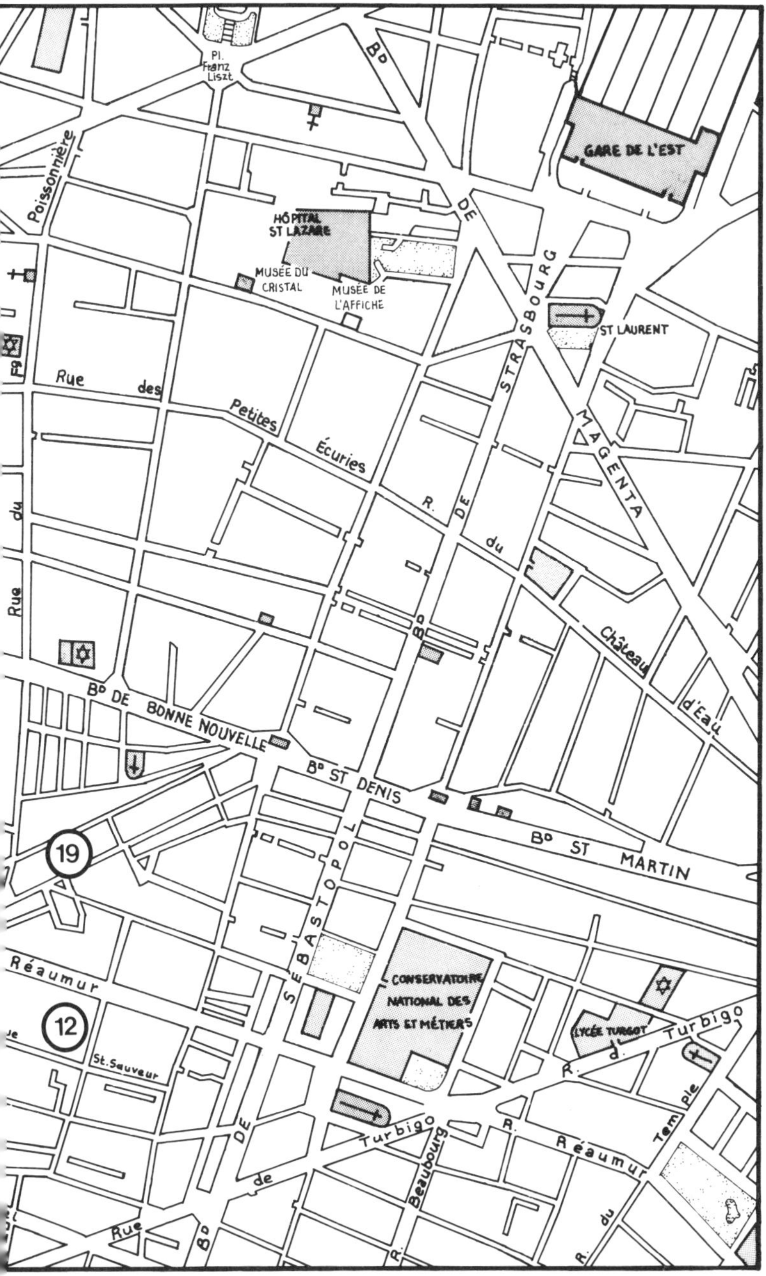
Pl. Franz Liszt
Bd DE STRASBOURG
GARE DE L'EST
Poissonnière
HÔPITAL ST LAZARE
MUSÉE DU CRISTAL
MUSÉE DE L'AFFICHE
ST LAURENT
Rue des Petites Écuries
MAGENTA
R. de du Château d'Eau
Rue du
Bd DE BONNE NOUVELLE
Bd ST DENIS
Bd ST MARTIN
19
Réaumur
12
St. Sauveur
SÉBASTOPOL
CONSERVATOIRE NATIONAL DES ARTS ET MÉTIERS
LYCÉE TURGOT
R. de Turbigo
Bd DE
de Turbigo
Beaubourg
R. Réaumur
R. du Temple
Rue
Bd
R.

Das Viertel nördlich des Palais Royal, wo heute schmachtlockige Epheben den Passanten schöne Augen machen, war bis zum Ende des Zweiten Weltkriegs die Hochburg der Pariser *Freudenhäuser*. Neben dem legendären »One-Two-Two«, 122 Rue de Provence, das sich vor allem bei den höheren Rängen der Wehrmacht großer Beliebtheit erfreute, war »Le Chabanais«, 12 Rue Chabanais, unbestrittener Spitzenreiter ⑪. 1878 von der liebeskundigen Madame Kelly gegründet, stieg es bald zum Hauptquartier des feudalen Jockey-Clubs auf, dessen Pfeifkonzert bei der Pariser Premiere des »Tannhäuser« Musikgeschichte gemacht hat.

Tatsächlich unterließ Madame Kelly nichts, um ihre Kundschaft zu verwöhnen: 35 junge Damen aller Haut- und Haarfarben waren bemüht, den Gästen auch ausgefallene Wünsche von den Augen abzulesen. Der Luxus spottete jeder Beschreibung: Ob im pompejanischen Bad, in der maurischen Grotte oder im Salon Edouard VII (so benannt nach seinem prominentesten Habitué) – überall hatte ein sicherer Geschmack die rechte Mitte zwischen raffinierter Eleganz und anheimelnder Gemütlichkeit getroffen. Kein Wunder, daß auch Minister und Abgeordnete in dem gastlichen Haus Entspannung suchten; manche Regierungskrise der Dritten Republik wurde hier beigelegt. Nicht nur Eduard VII., sondern auch weniger lasterhafte ausländische Staatsoberhäupter äußerten häufig den Wunsch, das sagenhafte Etablissement näher kennenzulernen; im offiziellen Programm wurde dieser Termin meist diskret als »Visite au Président du Sénat« umschrieben. Der Bordellbesuch gehörte schließlich so sehr zur protokollarischen Routine, daß ein Beamter des Quai d'Orsay ihn in einem Augenblick verzeihlicher Geistesabwesenheit für die Königin von Spanien vorsah.

Im April 1946 war es mit der Herrlichkeit vorbei. Damals setzte die puritanische Abgeordnete Marthe Richard – vom

Empfangsraum eines Pariser Luxusbordells

Pariser Volkswitz als »veuve qui clôt« verspottet – die Schließung aller französischen Freudenhäuser durch. Am 8. Mai 1951 kam das Mobiliar des »Chabanais« unter den Hammer; die Versteigerung, der »tout Paris« beiwohnte, wurde von dem bekannten Kunsthistoriker Maurice Rheims geleitet. Heute bietet unter der einst so gefragten Adresse ein »Service de l'homme d'affaires« den stündlich zu entlohnenden Einsatz von Sekretärinnen und Hostessen an. Wo die Grenzen dieser Dienstleistungen verlaufen, muß jeder Geschäftsmann freilich selbst herausfinden.
Hundert Jahre zuvor galt das Bordell der Madame Gourdan, 12 Rue St. Sauveur, als das vornehmste Etablissement am Platz ⑫. Es wurde in erster Linie vom Hof frequentiert. Eine der Insassinnen, die 16jährige Marie Jeanne Bécu, eroberte mit ihrer lüsternen Art zu blinzeln sogar Ludwig XV. Durch den Tod der Marquise von Pompadour vereinsamt, machte er sie als Gräfin Dubarry zu

seiner offiziellen »maîtresse en titre«. Ein anderer Besucher des Hauses war der Marquis de Sade, dessen Phantasie sich vor allem an den ausgeklügelten Einrichtungen des »Salon de Volcan« erhitzte; in seinem Roman »Justine« hat er ihn beschrieben. Prunkstück dieses Salons war ein sinnreich konstruierter Sessel, der ahnungslosen weiblichen Gästen zu einem überraschenden Erlebnis verhalf: Wer sich hineinsetzte, wurde automatisch mit gespreizten Beinen gefesselt und konnte so von den anwesenden Herren in aller Ruhe vergewaltigt werden. Für die weibliche Klientel standen aber auch noch andere Zerstreuungen bereit: Neben muskulösen Jünglingen gab es künstliche Genitalien in allen Größen, sogenannte »consolateurs«, die auch in Nonnenklöstern reißenden Absatz fanden. Heute werden in dem Haus, dessen Treppenaufgang noch etwas von der vergangenen Pracht ahnen läßt, nicht männliche, sondern weibliche Körperteile nachgebildet: Es sind die Firmen »Lax« und »Lady«, die den französischen Markt mit Büstenhaltern versorgen.

Daß man auch im galanten Zeitalter bei aller Freizügigkeit auf Diskretion Wert legte, verrät die Treppe eines dritten Freudenhauses, 33 Rue Radziwill ⑬, das seiner erotischen Funktion ebenfalls längst entsagt hat: Sie ist so angelegt, daß sich Hinauf- und Hinabgehende nicht begegnen können.

Schon damals war das horizontale Gewerbe keineswegs frei von Gefahren. Mochte manches Mädchen tatsächlich durch langsames Auf- und Abgehen rasch vorwärts kommen; andere büßten ihr leichtes Leben mit einem schweren Tod. Am 14. November 1814 wurde Cornélie Karesmakers, in der Pariser Halbwelt als »*die schöne Holländerin*« bekannt, in ihrer Wohnung, 17 Rue des Petits Champs, erstochen aufgefunden ⑭. Das Verbrechen bewegte die öffentliche Meinung ähnlich wie in unserer Zeit der Mord an der »Frankfurter Allgemeinen«, Rosemarie Nitribitt. Der Verdacht fiel auf einen abgedankten Offizier, den Hauptmann

Serre de St. Clair, der zwar zugab, mit dem Opfer zusammengewesen zu sein, die Tat jedoch abstritt. Vielmehr sei er selbst es gewesen, den Unbekannte mitten im Liebesakt überfallen hätten. Es sei ihm gelungen zu fliehen; offenbar hätten die Verbrecher dann an seiner Partnerin ihr Mütchen gekühlt. Mit dieser phantastischen Erzählung fand St. Clair natürlich keinen Glauben: Seine Unschuld bis zuletzt beteuernd, wurde er zum Tode verurteilt, danach allerdings zu lebenslangem Zuchthaus begnadigt. Im August 1815 findet ihn der Wärter erwürgt in seiner Zelle, wodurch die vormals abgetane Version nun doch in einem neuen Licht erscheint. Man nimmt die Untersuchung wieder auf – vergeblich: Die Hintergründe des geheimnisvollen Doppelmordes konnten nie geklärt werden.

Hundert Jahre später ereignete sich im Bistro »Chope du Croissant«, 146 Rue Montmartre ⑮, eine Bluttat, die weit über Frankreichs Grenzen hinaus Entsetzen und Abscheu erregte. Am 31. Juli 1914, also unmittelbar vor dem Ausbruch des Ersten Weltkriegs, wurde hier der Führer der französischen Sozialisten, *Jean Jaurès,* erschossen. Durch sein Eintreten für eine Aussöhnung mit Deutschland und seinen konsequenten Antimilitarismus hatte er sich bei der nationalen Rechten gründlich verhaßt gemacht. Weit davon entfernt, im Attentat von Serajewo das Fanal für den langersehnten Rachefeldzug gegen den »Erbfeind« zu erblicken, beschwor er im Gegenteil die Regierung, mäßigend auf Rußland einzuwirken und es von kriegerischen Aktionen abzuhalten. Am 31. Juli saß er mit einigen Kollegen aus der Redaktion der – von ihm gegründeten – »Humanité« beim Abendessen, als ein chauvinistischer Fanatiker, der 28jährige Raoul Villain, durch das geöffnete Fenster zwei Pistolenschüsse auf ihn abgab, von denen einer sein Gehirn durchschlug. Jaurès war auf der Stelle tot. Villain ließ sich widerstandslos festnehmen. Wie er erklärte, hatte er sich nach dem Besuch einer Aufführung des »Cid«

Jean Jaurès (zeitgenössische Karikatur)

zur Tat entschlossen. Ursprünglich habe er daran gedacht, Wilhelm II. umzubringen, diesen Gedanken aber wieder verworfen, da sich der Kaiser um die Förderung der Künste verdient gemacht habe. Angesichts der durch den Krieg aufgeputschten öffentlichen Meinung wagte man Villain erst im März 1919 vor Gericht zu stellen. Im Rausch des soeben errungenen Sieges sprachen ihn die Geschworenen frei. Er ist dann später im spanischen Bürgerkrieg ums Leben gekommen.

Das Bistro, in dem die Tat geschah, existiert noch. Neben den üblichen Spielautomaten finden wir dort eine Vitrine, die ein paar interessante Erinnerungsstücke enthält: die

Ausgabe der »Humanité« vom 1. August 1914 mit der achtspaltigen Schlagzeile: »Jaurès assassiné«, Fotos von der Beerdigung und ein Stück der alten Holzwand mit der Kugel, die sein Gehirn zerschmetterte und danach hier einschlug.

Im Frühjahr 1980 wurde der Führer der französischen Kommunisten, Georges Marchais, gleichfalls Opfer eines Anschlags, der allerdings weit glimpflicher verlief: Einige mit dem sowjethörigen Kurs ihres Parteichefs unzufriedene Genossen stahlen seine Figur aus dem *Musée Grévin* ⑯, brachten sie in den Zoo und warfen sie den Bären vor. Nach anfänglichem Zögern machten sich die Tiere mit Heißhunger über die Wachspuppe her und fraßen sie auf.

Das Musée Grévin, 10 Boulevard Montmartre, geöffnet täglich 14–19, sonn- und feiertags 13–20 Uhr, ist das Pariser Gegenstück zu dem berühmten Wachsfigurenkabinett der Madame Tussaud in London. Hier gibt sich die Geschichte der »Grande Nation« von Jeanne d'Arc über Henri IV, Louis XIV und Napoleon bis zu François Mitterand ein zugleich amüsantes wie instruktives Stelldichein. Auch die Höhepunkte der französischen Kultur wurden nicht vergessen: Der tödliche Anfall Molières auf der Bühne (S. 23) fehlt ebensowenig wie die Publikumslieblinge Alain Delon, Yves Montand und Charles Aznavour. Mit besonderer Hingabe hat man Szenen aus der Französischen Revolution nachgestellt: Die im Tempel gefangengehaltene königliche Familie, das Revolutionstribunal mit dem berüchtigten Ankläger Fouquier-Tinville, einer Freisler-Type reinsten Wassers, und die Ermordung Marats durch Charlotte Corday – sie alle sind hier zu sehen. Die Badewanne, in der Marat den tödlichen Dolchstoß empfängt, ist übrigens das Original; das gleiche gilt für einen großen Teil der Kostüme.

Weniger überzeugend sind dagegen die Nachbildungen amtierender ausländischer Staatsmänner geraten: Den Herrn, der uns als Bundeskanzler Schmidt vorgestellt wird,

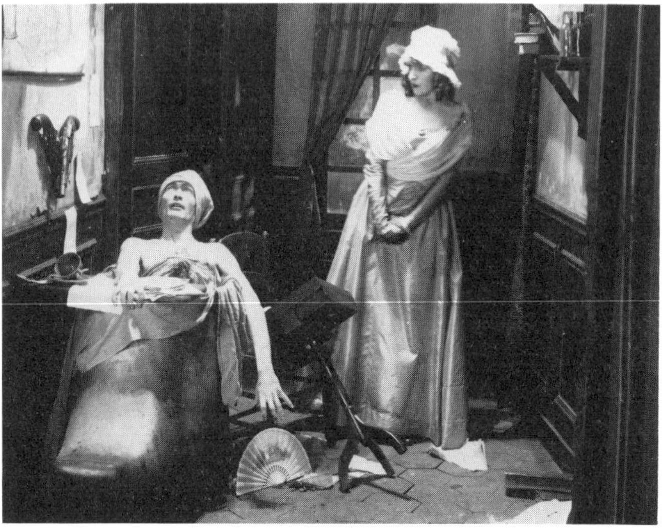

Die Ermordung Marats (im Film »Napoleon« von Abel Gance)

würde vermutlich nicht einmal seine eigene Frau erkennen. Zwei weitere Museen im gleichen Viertel verdienen unseren Besuch: das Freimaurer-Museum und das *Musée Gustave Moreau,* 14 Rue de La Rochefoucauld ⑰. Ob Moreau ein großer Maler war oder nur ein großer Kitschier, können wir – ebenso wie bei seinem Zeitgenossen Böcklin – getrost auf sich beruhen lassen. Technische Meisterschaft, üppige Phantasie und eine geradezu hypnotische Begabung, Mythen der Vorzeit lebendig zu machen, sind keinem von beiden abzusprechen. Was sie voneinander unterscheidet, ist ihr Verhältnis zum weiblichen Geschlecht: Während Böcklin es mit barocker Sinnenfreude feiert, ist der misogyne Zug in Moreaus Gemälden kaum zu übersehen: Ob Helena, Messalina, Salome oder Lady Macbeth – stets verkörpert die »femme fatale« das böse Prinzip. Auch privat hielt sich der Junggeselle Moreau die Frauen vom Leibe. Sein tiefrot ausgemaltes Atelier – das heutige Museum – vermachte er mit 800 Ölbildern, 350 Aquarellen und 7000 Zeichnungen dem französischen Staat. Einer der ersten Konservatoren wurde sein Schüler Georges Rouault (Öffnungszeiten: mittwochs bis sonntags 10–13 und 14–17 Uhr).

Auch dem Freimaurer-Orden tut man kein Unrecht, wenn man ihn als misogyn bezeichnet: Bis heute ist Frauen der Beitritt verwehrt. Das *Freimaurer-Museum,* 16 Rue Cadet ⑱, können sie hingegen ohne Scheu besichtigen. Ausgestellt sind hier Logenabzeichen, Dokumente, Siegel und Medaillen, Gemälde und Zeichnungen aus der Geschichte des Ordens im allgemeinen und der »Loge du Grand Orient« im besonderen, die im gleichen Gebäude ihren Sitz hat – dazu die symbolträchtigen Insignien der Bruderschaft: der Schurz, den der Lehrling bei der Aufnahme erhält, Winkelmaß und Zirkel, mit denen er sich selbst und sein Verhältnis zur Umwelt prüfen soll, und schließlich der Hammer des Meisters vom Stuhl. Der erste Großmeister der Loge war das schwarze Schaf der Bourbonen, Philippe »Egalité«; sein Stuhl ist hier ebenso zu sehen wie das Zeremonienschwert seines Ordensbruders, des Generals Lafayette (Öffnungszeiten: werktags 14–18 Uhr).

Daß große Nasen nicht nur als Zeichen der Männlichkeit und Hinweis auf die erfreuliche Entwicklung tiefer angesiedelter Organe gelten, sondern die Chancen beim schönen Geschlecht auch mindern können, wissen wir aus Rostands hinreißender Tragikomödie »Cyrano von Bergerac«. Ein Beispiel aus neuerer Zeit war der Maler Bouginier, der es, obgleich Schüler des Baron Gros, freilich nie zu bedeutenden Leistungen brachte. Mehr noch als das offenkundige Mißverhältnis zwischen Wollen und Können diente seine enorme Nase den Kollegen aus dem Atelier als willkommene Zielscheibe ihres Spotts. Da sich das Opfer stets von neuem darüber entrüstete, wurde es unter den jungen Malern der romantischen Schule zu einer Art Sport, *Bouginiers Nase* auf Zeichnungen, Gemälden und sonst an überraschenden Orten zu verewigen. Einer dieser Orte ist die Fassade des Hauses 2 Place du Caire ⑲, die auch aus anderen Gründen als die originellste von Paris gelten kann: Mit Hieroglyphen, Lotussäulen und Pharaonenköpfen geschmückt, spiegelt sie die architektonische Rezeption von Napoleons Ägypten-Feldzug auf exemplarische Weise wider. Die sprichwörtliche Nase ist, gute Augen vorausgesetzt, etwa in der Mitte des Hauses unmittelbar unter dem Dachfirst zu erkennen.

Durch den Hauseingang gelangt man in die Passage du Caire, ein dichtes Netz belebter Galerien mit Läden eher kleinbürgerlichen Zuschnitts. Hier befand sich vom 13. bis 17. Jahrhundert das Hauptquartier der Pariser Bettlerzunft, die ihren Lebensunterhalt – wie es Brecht in der »Dreigroschenoper« so schön beschrieben hat – überwiegend mit der Vortäuschung körperlicher Gebrechen bestritt. In der sicheren Zuflucht entledigte man sich der Augenklappen, Armstümpfe und Krücken und verwandelte sich in einen gesunden Menschen zurück. Im Volksmund hieß dieser Ort allabendlicher Wunderheilungen daher ironisch »Cour des Miracles«. Wie in der »Dreigroschenoper« den alten Peachum, gab es auch hier einen Bettlerkönig, den sogenannten »ragot« (daher das Wort »argot« für das französische Gauner-Rotwelsch), der den Einsatz in den verschiedenen Stadtteilen regelte, die Verteilung der Prothesen überwachte und an den ein Teil der Einnahmen abzuführen war. Die berufliche Fortbildung, von der heute so viel die Rede ist, wurde gleichfalls nicht vergessen: Bis zu seiner Festnahme am 6. Oktober 1721 gab hier der populäre Straßenräuber Cartouche Taschendieben an einer Klingelpuppe Nachhilfeunterricht.

Selbstverständlich kommt auch der Freund echter Wunderheilungen in Paris auf seine Kosten. Neben der Muttergottes der »médaille miraculeuse« in der Rue du Bac und der Schwarzen Madonna von Picpus ist das Marienstandbild im rechten Seitenschiff der Kirche *Notre Dame des Victoires* ⑳ das beliebteste Ziel von Wallfahrten und Gebeten. Daß ein guter Teil dieser Gebete auch erhört wird, beweisen die 36 000 Votivtafeln, mit denen die Kirche vom Boden bis zur Decke bepflastert ist – ein absoluter Rekord unter den französischen Gotteshäusern, der nicht einmal von der Krypta in Lourdes übertroffen wird. Gedankt wird auf diesen Tafeln nicht nur für die Genesung von schweren Krankheiten (»Ich war blind«), glücklich überstandene Reisen und erfolgreich abgeschlossene Examina, sondern auch für die Rückgabe eines im Tuileriengarten entführten Kindes (2. Pfeiler rechts) oder die Konversion eines

Triboulet, einer der Virtuosen der Pariser Bettlerzunft

englischen Geistlichen, verbunden mit der dringenden Bitte an die Madonna, die Heimkehr der irregeleiteten britischen Nation in den Schoß des wahren Glaubens alsbald herbeizuführen (4. Pfeiler rechts).
Im linken Seitenschiff erinnern zwei Vitrinen mit militärischen Auszeichnungen daran, daß »Notre Dame des Victoires« ihre besten Qualitäten erst in Kriegszeiten entfaltet: Die Kirche verdankt ihre Gründung dem entscheidenden Sieg Ludwigs XIII. über die Hugenotten, der Einnahme ihrer Festung La Rochelle. Bereits ein Jahr später, am 9. Dezember 1629, legte der König selbst den Grundstein. Die Madonna erwies sich aber auch als fähig, ein weit intimeres Problem des königlichen Hauses zu lösen: Ende November 1638 erschien sie dem diensttuenden Priester, einem Augustinermönch namens Fiacre, mit einem Kind auf dem Arm und teilte ihm mit, das Kind sei keineswegs, wie er vermutlich annehme, der Jesusknabe, sondern der langersehnte französische Thronfolger. Und siehe da: Am 5. Dezember brach heftiges Schneetreiben aus und hinderte den König an der Rückkehr nach Versailles. Es blieb ihm nichts anderes übrig, als bei seiner ungeliebten Gattin Anna im Louvre zu schlafen. In dieser Nacht wurde Ludwig XIV. gezeugt.
Der Bruder Fiacre aber – sein Grab befindet sich unmittelbar vor der Marienstatue – erlangte eine derartige Popularität, daß die kurz danach eingeführten Mietdroschken, die ihren Standplatz vor der Kirche hatten, seinen Namen erhielten. In Paris sind die »Fiaker« inzwischen wieder ausgestorben; wer einen von ihnen benutzen will, muß sich schon auf den Heldenplatz in Wien oder zum Plaza-Hotel in New York bemühen.

DRITTER SPAZIERGANG

DAS MARAIS

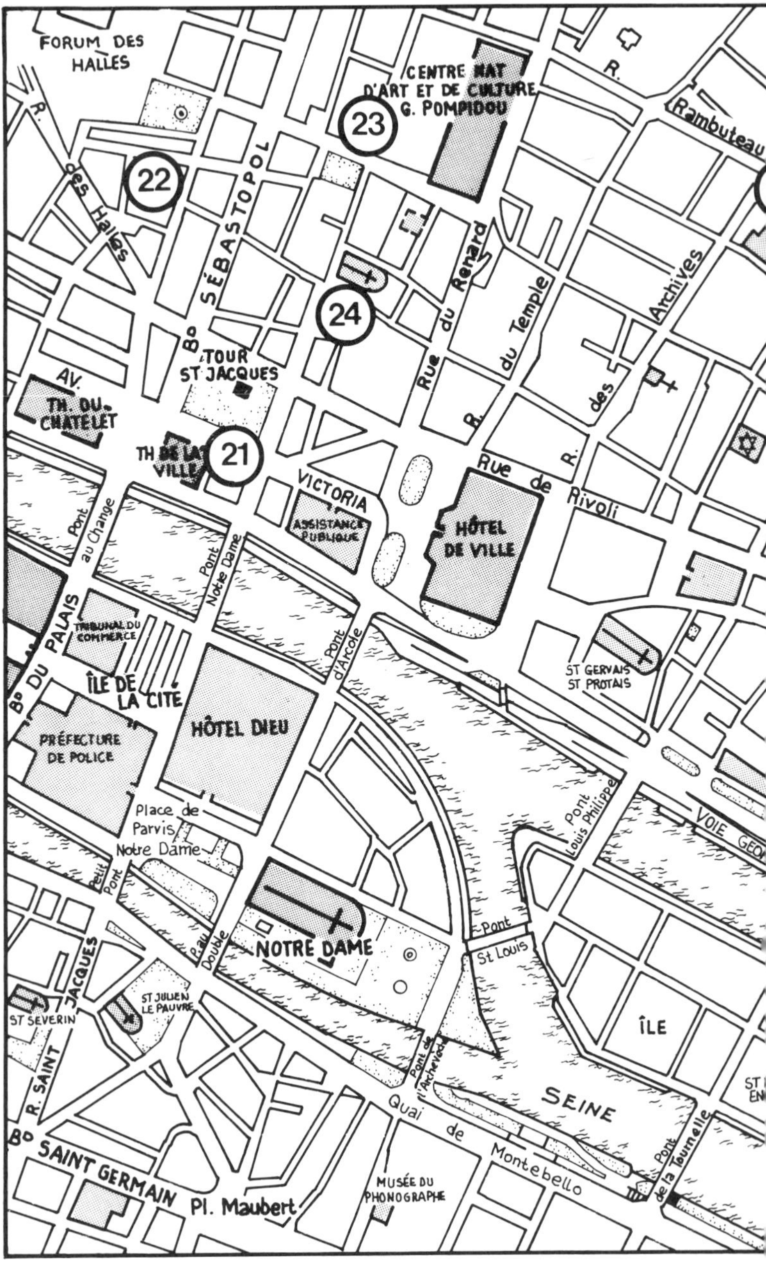
FORUM DES HALLES
CENTRE NAT D'ART ET DE CULTURE G. POMPIDOU
R. Rambuteau
23
22
R. des Halles
Bd SÉBASTOPOL
24
Rue du Renard
R. du Temple
R. des Archives
TOUR ST JACQUES
AV.
TH. DU CHATELET
TH DE LA VILLE
21
VICTORIA
Rue de Rivoli
ASSISTANCE PUBLIQUE
HÔTEL DE VILLE
Pont au Change
Pont Notre Dame
Pont d'Arcole
Bd DU PALAIS
TRIBUNAL DU COMMERCE
ÎLE DE LA CITÉ
HÔTEL DIEU
ST GERVAIS ST PROTAIS
PRÉFECTURE DE POLICE
Place de Parvis Notre Dame
Pont Louis Philippe
VOIE GEO
Petit Pont
Pont au Double
NOTRE DAME
Pont St Louis
ÎLE
R. SAINT JACQUES
ST JULIEN LE PAUVRE
ST SEVERIN
Pont de l'Archevêché
SEINE
Quai de Montebello
Pont de la Tournelle
Bd SAINT GERMAIN
Pl. Maubert
MUSÉE DU PHONOGRAPHE

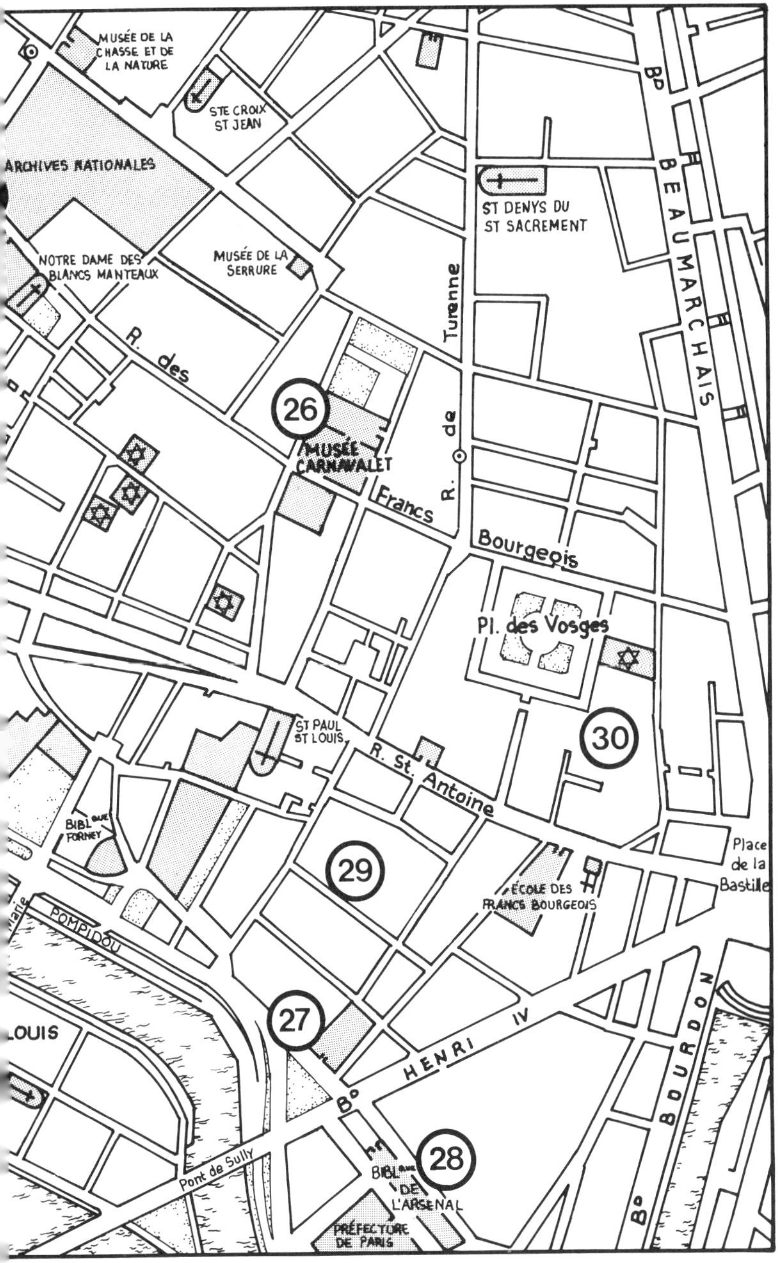
MUSÉE DE LA CHASSE ET DE LA NATURE
STE CROIX ST JEAN
ARCHIVES NATIONALES
ST DENYS DU ST SACREMENT
Bd BEAUMARCHAIS
NOTRE DAME DES BLANCS MANTEAUX
MUSÉE DE LA SERRURE
R. de Turenne
R. des Francs Bourgeois
26
MUSÉE CARNAVALET
Pl. des Vosges
30
ST PAUL ST LOUIS
R. St. Antoine
BIBL. FORNEY
29
Place de la Bastille
ÉCOLE DES FRANCS BOURGEOIS
POMPIDOU
27
Bd HENRI IV
Bd BOURDON
LOUIS
Pont de Sully
28
BIBL. DE L'ARSENAL
PRÉFECTURE DE PARIS

An schönen Herbsttagen des Jahres 1854, als alle Welt dem Fortgang der Belagerung von Sebastopol entgegenfieberte, konnte man im Palais Royal einen kleinen, fast kahlköpfigen Herrn beobachten, der an einem blauen Seidenband einen Hummer spazierenführte. Dieser Herr war der Dichter *Gérard de Nerval;* wegen schwerer Halluzinationen hatte er sich soeben wieder einmal einer Kur in der Heilanstalt des Dr. Blanche (S. 131) unterzogen. Auf die Frage, warum er ausgerechnet jenes gehbehinderte Schalentier zum Begleiter gewählt habe, erwiderte er, ohne mit der Wimper zu zucken: »Hummer sind ruhig, ernst, kennen die Geheimnisse des Meeres und bellen nicht.«

Nerval, der eigentlich Labrunie hieß, teilte mit seinem deutschen Gegenstück E.T.A. Hoffmann den Alkoholismus und die lebenslange übersteigerte Liebe zu einer unerreichbaren Frau: Beide haben ihr – Hoffmann seiner Gesangsschülerin Julia Marc, Nerval der Schauspielerin Jenny Colon – unter dem Namen Aurélie ein literarisches Denkmal gesetzt. Es ist gewiß kein Zufall, daß Nerval die Werke der deutschen Romantiker nicht nur gründlich kannte, sondern sie auch mustergültig ins Französische übersetzte; mit Heine war er eng befreundet.

Am 26. Januar 1855 fand man ihn erhängt am Gitter des Klosettfensters einer Parterrewohnung Ecke Rue de la Tuerie/Impasse de la Vieille Lanterne: Er hatte sein Leben mit einem Strick beendet, von dem er noch am Vorabend behauptet hatte, er sei der Gürtel der Madame de Maintenon. Das ganze Viertel wurde kurz darauf im Zuge der Sanierungsmaßnahmen des Präfekten Haussmann, der Paris zwischen 1850 und 1870 sein gegenwärtiges Gesicht gab, abgerissen. Heute erhebt sich hier das Théâtre de la Ville ㉑. Eine Gedenktafel am Fuß der Treppe zum Theater-Restaurant (im Untergeschoß) mit einem Vers, der die geistige Umnachtung des Dichters poetisch umschreibt, bezeichnet die Stelle des Selbstmords. Auf dem benachbar-

Gérard de Nerval erhängt sich an einem Klosettfenster
(Lithographie von Gustave Doré)

ten Square St. Jacques finden wir eine kleine Säule mit dem Porträt Nervals, die gleichfalls an seinen einsamen Tod erinnert.

Zwei Häuserblocks weiter nördlich, vor dem Gebäude 11 Rue de la Ferronnierie ㉒, fiel *Heinrich IV.* am 14. Mai 1610 den meuchlerischen Messerstichen des Fanatikers Ravaillac zum Opfer. Der König war am Morgen aus üblen Träumen erwacht und hatte beschlossen, den Tag im Louvre zu bleiben. Es stellte sich jedoch heraus, daß sein unentbehrlicher Ratgeber, der Finanzminister und Artillerie-Großmeister Sully, krank im Bett lag. Also brach der König kurz nach drei zum Arsenal (S. 60) auf, um Sully zu besuchen. Die ängstlichen Einwände seiner Frau beschwichtigte er mit dem Hinweis, er habe bereits siebzehn Attentate überlebt. In der engen Rue de la Ferronnerie wurde die königliche Karosse von einem Fuhrwerk, das Weinfässer geladen hatte, blockiert. Diesen Augenblick nutzte der ehemalige Geistliche François Ravaillac: Mit einem Tranchiermesser, das er am Vormittag in der Herberge »Zu den fünf Halbmonden« gestohlen hatte, sprang er auf das rechte Hinterrad der Kutsche und versetzte dem Monarchen, der sich gerade einen Brief vorlesen ließ, zwei Stiche, von denen einer die Hauptschlagader traf. Der König verlor sofort das Bewußtsein. Noch bevor man in hastig angeordneter Rückkehr den Louvre erreichte, war er tot.

Ravaillac leugnete auch unter der Folter, Anstifter oder Mitwisser gehabt zu haben. Eine himmlische Stimme, so erklärte er, habe ihm befohlen, den König umzubringen, da er einen Krieg gegen den Papst plane. Am 27. Mai wurde Ravaillac auf dem Grève-Platz – der jetzigen Place de l'Hôtel de Ville – unter ausgesuchten Martern gevierteilt.

An der Mordstelle lädt heute das Porno-Theater »Les Nouveaux Innocents« zur pikanten Liveshow ein. Der einzige Hinweis auf das Verbrechen findet sich an der Ecke Rue de la Ferronnierie/Rue de la Lingerie: Ein reuiger

Die Vierteilung Ravaillacs

Weinhändler hat dort eine Tafel mit der verschämten Aufschrift »A Henri IV« anbringen lassen. Die Tatwaffe ist bis heute im Besitz der Familie de la Force geblieben: Der Marquis de la Force, einer der Begleiter des Königs, hatte den Mörder geistesgegenwärtig verhaftet und ihm das Messer entrissen.

Von Heinrich IV., der übrigens im Laufe seines Lebens nicht nur einmal, sondern fünfmal die Religion wechselte, ist der Ausspruch überliefert: »Ich wünsche, daß jeder Bauer sonntags ein Huhn im Topf hat.« Weniger bekannt ist sein zivilisatorischer Beitrag zum Verzehr eben dieses Huhns: Im Gegensatz zu seinem englischen Namensvetter Heinrich VIII., dessen grauenhafte Tischsitten uns Charles Laughton drastisch vor Augen geführt hat, benutzte er nicht die Hände, sondern als erster französischer Herrscher eine Gabel. Der Ort, an dem er das neue Gerät ausprobierte, hat noch heute einen guten Ruf: Es ist das Restaurant »La Tour d'Argent«, 15–17 Quai de la Tournelle. Eine Mahlzeit hat allerdings das sofortige Erlöschen des Bankkontos zur Folge.

Diese architektonischen Meisterwerke sind nun ausgestorben . . .

Weniger interessiert zeigte sich der »Vert Galant« an der Sauberkeit seiner Hauptstadt. Von dem Grad ihrer Verschmutzung machen wir uns kaum einen zureichenden Begriff. Selbstverständlich gab es weder Gullys noch Wasserklosetts. Nachttöpfe wurden einfach aus dem Fenster gekippt, wobei der vorübereilende Passant noch Glück hatte, wenn ihm durch den Ausruf »Gare l'eau!« Gelegenheit gegeben wurde, sich durch einen raschen Sprung in den Straßenkot in Sicherheit zu bringen. Wer außerhalb seiner eigenen vier Wände von einem menschlichen Rühren befallen wurde, pflegte – sofern er den Drang beherrschen konnte – die zentral gelegenen Tuilerien aufzusuchen und sich dort unter einem Baum zu erleichtern. Der Gestank wurde schließlich derart unerträglich, daß der Enkel Hein-

richs IV., Ludwig XIV., seine Residenz kurzentschlossen aus dem Louvre nach Versailles verlegte.
Erst der Vorgänger des Barons Haussmann, der Präfekt Rambuteau, nahm sich des Problems der unverhofft auftretenden Leibesnot ernsthaft an. Ihm verdankt die französische Hauptstadt nicht nur ihre Kanalisation, sondern auch die gußeisernen *Pissoirs,* die unter dem Namen »colonnes Rambuteau« oder »vespasiennes« rasch einen festen Platz

... und auch von diesen Anstalten sieht man nicht mehr viele (Pissoir an der Avenue de Wagram)

im Herzen der Pariser eroberten. (Der Name »vespasienne« hat mit dem Kaiser Vespasian zu tun, der die Einkünfte des durch ständige Kriegszüge ruinierten römischen Staates dadurch aufzubessern suchte, daß er selbst die Benutzung der öffentlichen Bedürfnisanstalten mit einer Steuer belegte. Dem Protest seines feinfühligen Sohnes Titus begegnete er mit dem klassischen Ausspruch: »Non olet – Geld stinkt nicht.«) Vor dem Zweiten Weltkrieg konnte sich Paris etwa 1500 dieser Einrichtungen rühmen. Im Regelfall waren sie für zwei oder drei Personen bestimmt; doch gab es auch architektonische Meisterwerke wie das Urinoir auf der Place d'Auteuil, das nicht weniger als zwölf Benutzern gleichzeitig Platz bot.
In den sechziger Jahren setzte der Niedergang ein. Reinigungsprobleme und Beschwerden der Anwohner über widernatürliche Ausschreitungen ließen es dem »Directeur de la Propreté« angezeigt erscheinen, die Pissoirs schrittweise zu beseitigen. Heute finden wir in Paris nur noch ein knappes Hundert, und auch seine Tage sind gezählt. Aber keine Sorge: Die Stadtverwaltung hat für die Zukunft vorgebaut. Drei Modelle eines neuen Typs werden zur Zeit ausprobiert. Zwei von ihnen stehen an der Ecke Rue Aubry le Boucher/Rue Quincampoix ㉓ in unmittelbarer Nähe des Centre Pompidou, ein drittes vor dem Haus 36 Boulevard Sébastopol. Diese neuen Modelle sind nicht aus Gußeisen, sondern aus Beton – geriffeltem Beton, was das Anbringen obszöner Graffiti erschwert. Auch sind sie nicht frei zugänglich; ihr Gebrauch kostet vielmehr einen Franc. Dafür aber wird dem Benutzer ein wahres Fest bereitet: Sobald er die Taxe entrichtet und die schwere Tür hinter sich geschlossen hat, setzen flotte Klänge ein; ein intensiver Geruch von Fichtennadeln umschmeichelt seine Nase; die blitzsauberen Kacheln halten sogar den prüfenden Blicken einer Schweizer Hausfrau stand. Daß eine Frau überhaupt Gelegenheit hat, sich ein eigenes Urteil zu bilden, ist

vielleicht die einschneidendste Neuerung: Die Pissoirs alten Typs sind ausschließlich Männern vorbehalten. Da Becken und Brille fehlen, ist jedoch zur Einnahme der zweckdienlichen Position ein durchtrainierter Körper Voraussetzung; Rheumatikerinnen kann von dem Besuch nicht dringend genug abgeraten werden. Aus Gründen der Sittlichkeit – auch in Frankreich findet das Liebesleben überwiegend nachts statt – sind die Anstalten zwischen ein und sechs Uhr geschlossen.

Wenige Schritte weiter südlich, an der Ecke Rue St. Martin/Rue du Cloître, steht die Kirche St. Merri ㉔, an der Camille Saint-Saëns von 1853 bis 1857 Organist war. Die barocke Verkleidung des gotischen Chors gibt einen guten Eindruck davon, wie Notre Dame im 18. Jahrhundert ausgesehen haben muß. Am interessantesten ist eine etwa 30 cm hohe, gehörnte Figur an der Spitze des Eingangsportals, in der sich männliche (Bart) und weibliche (Busen) Geschlechtsmerkmale hermaphroditisch mischen. Diese Figur wird als *Baphomet* gedeutet, ein von den Templern und anderen okkulten Gemeinschaften verehrtes magisches Wesen. Der etymologische Ursprung des Wortes ist unklar: Die einen leiten ihn von dem Verbum »bafouer« (verhöhnen, nämlich den christlichen Gott) her; andere wiederum behaupten, der Name müsse spiegelbildlich als Abkürzung gelesen werden, dann bedeute er: Templi omnium pacis abbas – Vater des universellen Friedenstempels.

Hinter dem Centre Pompidou beginnt das alte Residenzviertel, wegen seines morastigen Bodens »Marais« genannt. Hier, genauer gesagt: in der »Maison royale des Tournelles« an der Nordseite der heutigen Place des Vosges, wohnten im 15. und 16. Jahrhundert die französischen Könige. Nach dem unglücklichen Tod Heinrichs II. bei einem Turnier vor der Kirche St. Paul-St. Louis (30. Juni 1559) ließ seine Witwe Katharina von Medici das Schloß abreißen und zog in den Louvre um. Im »Grand Siècle« kam das Marais wieder

in Mode: Nun waren es die reichen Adelsfamilien, die Rohan, die Soubise, die Beauvais, die Guénégaud und die Lamoignon, die hier ihre Stadtpaläste errichteten.
Das *Hôtel de Soubise,* 60 Rue des Francs-Bourgeois ㉕, beherbergt heute das Nationalarchiv und das Museum der Geschichte Frankreichs. Mit 6 Milliarden Dokumenten, die Regale in einer Gesamtlänge von 280 km füllen, ist das Archiv das umfangreichste der Welt. Hinzu kommt eine Sammlung von Beweisstücken aus großen Prozessen der Vergangenheit; wer sie besichtigen will, muß allerdings ein wissenschaftliches Interesse glaubhaft machen (Antrag in der Salle d'Inventaire). Zu den Höhepunkten der Sammlung gehören die Kleider des Schlossers Damiens, der nach dem Eintritt Frankreichs in die antipreußische Koalition ein Attentat auf Ludwig XV. verübte; der Dolch, dem der Herzog von Berry am 13. Februar 1820 bei einem Opernbesuch zum Opfer fiel; die Höllenmaschine des Korsen Fieschi und ein halbes Dutzend weiterer Mordwaffen, mit denen man dem »Bürgerkönig« Louis Philippe nach dem Leben trachtete; und schließlich das blutbefleckte Nachthemd der Herzogin von Choiseul-Praslin, die am 17. August 1847 von ihrem Gatten im ehelichen Schlafgemach erstochen wurde: Sie hatte ihm mit Scheidung gedroht, falls er nicht aufhöre, der Gouvernante ihrer Kinder, einer Demoiselle Deluzy-Desportes, nachzustellen.
Für einen Besuch des Museums in der oberen Etage ist hingegen auch wissenschaftlich nicht beglaubigte Neugier ausreichend (geöffnet täglich außer dienstags 14–17 Uhr). Im ersten Raum, der ehemaligen »Grande Antichambre«, sind 71 Schlüsseldokumente der französischen Geschichte ausgestellt, darunter einer der sechs erhaltenen Briefe Jeanne d'Arcs, die französische Ausfertigung des Westfälischen Friedens, das Edikt von Nantes und sein Widerruf, die Testamente Ludwigs XIV. und Napoleons und das berühmte Dekret des Pariser Militärgouverneurs Galliéni,

Fieschis Höllenmaschine

mit dem sämtliche Taxen der französischen Hauptstadt beschlagnahmt und zum Truppentransport an die Marne-Front abkommandiert wurden. Die dahinterliegende »Salle d'Assemblée« ist Dokumenten aus der Französischen Revolution gewidmet. Hier finden wir das Tagebuch Ludwigs XVI.; die Eintragung unter dem 14. Juli 1789 lautet kurz und bündig: »Rien«. Auch ein weniger historisch als physikalisch gewichtiges Objekt ist hier zu sehen: eine der Miniatur-Nachbildungen der Bastille, die aus den Steinen des Originals angefertigt und an jede der 83 Präfekturen geschickt wurden.

Ein zweites Exemplar können wir im *Musée Carnavalet,* 23 Rue de Sévigné ㉖, bewundern, das gerade wegen seiner Schätze aus der Revolution einen Besuch verdient (geöffnet täglich außer montags 10–17 Uhr). Dort finden wir im gleichen Saal (Nr. 71) auch Schlüssel aus der Bastille,

Fußeisen, Daumenschrauben und die Strickleiter, die einer ihrer volkstümlichsten Insassen, Henri de Latude, bei seinem waghalsigen Ausbruchsversuch benutzte: Er war 1749 eingekerkert worden, nachdem er sich der Marquise von Pompadour unziemlich genähert hatte. Zwar gelang ihm die Flucht nach Holland, doch wurde er wieder ausgeliefert und kam erst 1777 frei.

Auch im folgenden Saal (Nr. 72) springen einige Miniatur-Modelle ins Auge: Diesmal ist es die Guillotine, deren Mechanismus wir an mehreren, nicht anders als herzig zu nennenden Mustern studieren können. Neben der Pistole von St. Just, dem Rasierzeug Robespierres und einem Teller, auf dem die Hinrichtung Ludwigs XVI. abgebildet ist, sei besonders auf ein Dokument verwiesen – einen Appell an die Kommune –, an dem Robespierre im Augenblick seiner Festnahme schrieb. Er hatte soeben zur Unterschrift angesetzt, als ihm der Sergeant Merda durch einen Schuß den Kiefer zerschmetterte: Nach den Buchstaben »Ro« folgt nichts mehr und dann ein großer Blutfleck.

Abgesehen vom Karmeliterkloster in der Rue de Vaugirard (S. 91 f.), ist dies wohl die einzige Blutspur, die sich aus den Tagen der Revolution erhalten hat.

Im Saal Nr. 75 wurden Andenken aus der Leidenszeit der königlichen Familie im Temple zusammengetragen: der Frisiertisch von Marie-Antoinette, Zinnsoldaten des kleinen Dauphin, die Anklageschrift gegen Ludwig XVI. und das Tischtuch, das bei seiner letzten Ölung verwendet wurde.

Bevor wir das Museum verlassen, sollten wir einen kurzen Blick in die erste Etage werfen. Dort sind vor allem drei Stücke von Interesse: eine ungemein ausdrucksvolle Wachsskulptur Heinrichs IV., die am Tage nach seiner Ermordung, als er im Louvre aufgebahrt lag, angefertigt wurde (Saal 11); der Schreibtisch der Marquise de Sévigné, die in diesem Hause die letzten zwanzig Jahre ihres Lebens

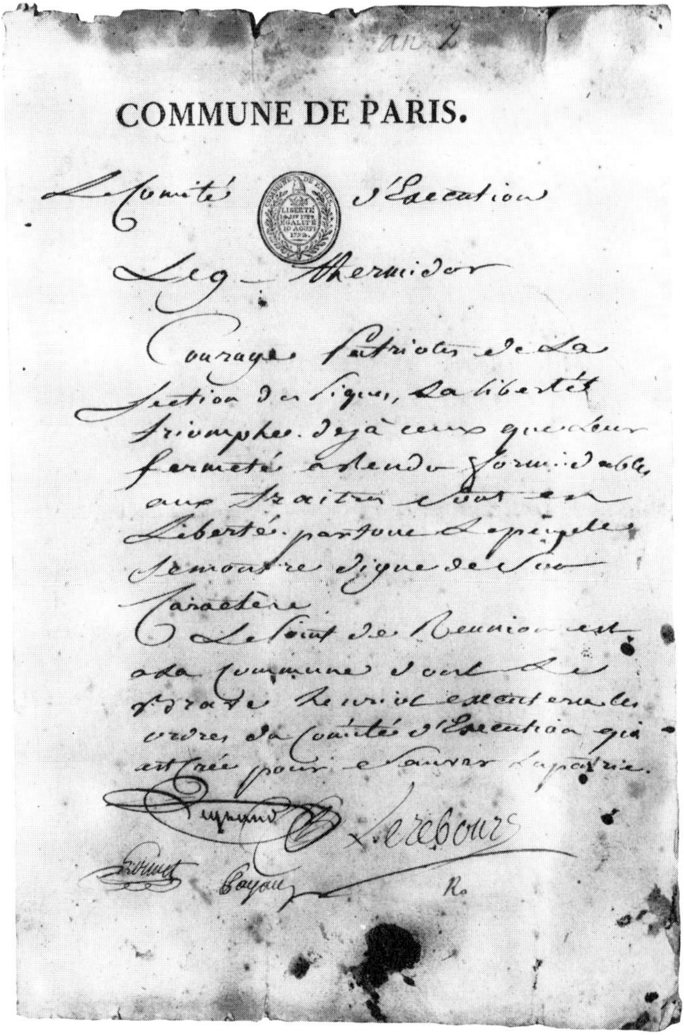

COMMUNE DE PARIS.

Le Comité d'Execution

Le 9 thermidor

Courage patriotes de la section des piques, la liberté triomphe. deja ceux que leur fermeté a rendu formidables aux traitres sont en liberté. partout le peuple se montre digne de son caractere.

Le point de Reunion est a la commune d'ont le brave henriot executera les ordres du comité d'execution qui est créé pour sauver la patrie.

Legrand Lerebours
Louvet Payan Ro

Aufruf, den Robespierre im Augenblick seiner Verhaftung unterschrieb: Er kam nur bis zu den ersten Buchstaben seines Namens

verbrachte und hier die meisten der berühmten 1500 Briefe an ihre Tochter schrieb (Saal 23); und schließlich der höchst praktische Sessel – mit beweglichem Lese- und Schreibpult –, auf dem Voltaire starb. Damit man den erklärten Atheisten nicht auf den Schindanger würfe, mußte sein Tod verheimlicht werden: Man zog der Leiche einen Hausrock an und brachte sie in einer Kutsche nach Scellières bei Troyes, wo ein Neffe Voltaires die kirchliche Bestattung vornahm.
Was ist sonst von der ehemaligen Bastille übriggeblieben? Wenig genug. Bei ihrer Erstürmung wurden bekanntlich nur sieben Gefangene gefunden, die man im Triumph auf den Schultern hinaustrug. Ein achter, der Marquis de Sade, war, da er nicht davon abließ, sich den Passanten in unzüchtiger Weise bemerkbar zu machen, zehn Tage vorher in die Irrenanstalt Charenton überführt worden. Bei den anderen handelte es sich um vier Falschmünzer, einen auf Betreiben seiner Familie festgesetzten Verrückten, den wegen Blutschande verurteilten Grafen Solages und einen Gehilfen des Attentäters Damiens namens Tavernier. Die Falschmünzer wurden übrigens am folgenden Tage gleich wieder in Haft genommen.
Unmittelbar nach der Einnahme des Gefängnisses wurde seine Zerstörung angeordnet. Die Steine verwandte man für die damals gerade im Bau befindliche Concorde-Brücke, »damit das Volk Gelegenheit habe, die Tyrannei tagtäglich mit Füßen zu treten«. Einige Reste blieben immerhin stehen; sie wurden beim Anschluß des Platzes an die Métro abgetragen und auf dem Square Henri Galli wiederaufgebaut ㉗. Der genaue Standort der ehemaligen Festung – die, nebenbei bemerkt, im Laufe ihrer Geschichte siebenmal belagert wurde und sechsmal kapitulierte – ist an der Westseite der Place de la Bastille im Straßenpflaster zu erkennen. Der Haupteingang befand sich gegenüber dem Haus 5 Rue St. Antoine (Gedenktafel): An dieser Stelle

wurde am 14. Juli 1789 die Übergabe vereinbart, nachdem auf seiten der Belagerer 83 Menschen gefallen waren, von den Verteidigern aber nur ein einziger, ein Schweizergardist mit dem hier ganz unpassenden Namen Fortuné.
Der berühmteste Insasse der Bastille war freilich weder Henri de Latude noch der Marquis de Sade, sondern der »Mann mit der eisernen Maske«. Nach dreißigjähriger Haft

Der Sturm auf die Bastille

in anderen Gefängnissen wurde er im September 1698 eingeliefert, starb hier am 19. November 1703 und wurde auf dem Friedhof von St. Paul-St.Louis unter dem fingierten Namen »Marchioly« begraben. Wer dieser Mann – der zwar keine eiserne, doch ständig eine schwarze Samtmaske tragen mußte – gewesen ist, weiß man bis heute nicht. Manche halten ihn für einen illegitimen Bruder Ludwigs XIV. Dies war auch die Meinung von Alexandre Dumas. Allerdings war Dumas grundsätzlich der Ansicht, man dürfe die Geschichte ruhig vergewaltigen, wenn man ihr nur ein Kind mache.
Haftbefehl und Totenschein der »Eisernen Maske« werden im *Arsenal*, 1 Rue de Sully, aufbewahrt ㉘. Ursprünglich Pulvermagazin, später Sitz des »Grand Maître de l'Artillerie«, beherbergt es seit der Revolution eine der großen

Der Mann mit der eisernen Maske in der Bastille

Bibliotheken Frankreichs (Führungen: mittwochs und donnerstags 14:30–16 Uhr). Gezeigt werden zwei dekorativ ausgemalte Säle; der kleinere von beiden, das »Oratoire des femmes fortes«, ist mit zweifelhaften Frauengestalten aus der Geschichte – Semiramis, Judith, Penthesilea, Esther und Maria Stuart – geschmückt, die der rechten Andacht ein wenig im Wege stehen.

In einem anderen Raum fand zwischen 1680 und 1683 ein Giftmordprozeß statt, in den die Hofgesellschaft – darunter der Dichter Racine – tief verwickelt war und der mit 36 Hinrichtungen endete. Da der Raum zu diesem Zweck schwarz ausgeschlagen und nur durch Fackeln erleuchtet war, ist der Prozeß als »chambre ardente« bekannt geworden. In seinem Mittelpunkt stand die Parfümhändlerin, Hebamme und Wahrsagerin Catherine Deshayes, verwitwete Monvoisin, genannt »la Voisin«. Bei ihr besorgte sich die fett und arrogant gewordene Marquise de Montespan eine Tinktur aus Stiersamen, Fledermausblut und zermahlenen Föten, die sie Ludwig XIV. eingab, um seine Gunst zu behalten; mit einem anderen Mittel räumte sie ihre Nebenbuhlerin, die Herzogin von Fontanges, beiseite. Auch von 2500 Abtreibungen war die Rede und Schwarzen Messen, bei denen die Leiber nackter Mädchen als Altar dienten.

Am 22. Februar 1680 wurde die Voisin auf dem Grève-Platz verbrannt. Die Marquise de Sévigné wohnte dem Schauspiel bei und schrieb darüber ihrer Tochter: »Ein Richter erzählte mir, für weibliche Delinquenten gebe es gewisse Erleichterungen. – Welche denn? Erwürgt man sie vorher? – Nein, man wirft ihnen Holzscheite an den Kopf, oder die Henkersknechte reißen ihnen den Kopf mit eisernen Haken ab. – Du siehst, mein Kind, es ist gar nicht so schlimm, wie man denkt.«

Der Handel mit Liebes- und Zaubertränken war nun allerdings kein Monopol der Voisin. Vor allem in der Zubereitung des vielgefragten »Erbschaftspulvers« (poudre

de succession), mit dem das Ableben vermögender Verwandter unauffällig beschleunigt wurde, fand sie in der *Marquise de Brinvilliers,* die einige Jahre vorher das Schafott bestieg, ihren Meister.
Am 22. Juli 1630 als Tochter eines hohen Ministerialbeamten, Antoine Dreux d'Aubray, in dessen neuem Stadtpalais 12 Rue Charles V ㉙ geboren, heiratete sie mit 21 Jahren den Marquis de Brinvilliers. Der Sitte der damaligen Zeit entsprechend, handelte es sich um eine durch äußere Verhältnisse bestimmte Konventionalehe. Der Marquis nahm es daher mit Gleichmut hin, als seine junge Gattin zu einem seiner Freunde, Jean Baptiste de Sainte-Croix, zarte Beziehungen anknüpfte. Weniger tolerant zeigte sich der Vater der Ehebrecherin: Er erwirkte eine »lettre de cachet« gegen den Liebhaber seiner Tochter und ließ ihn in die Bastille werfen. Dort lernte Sainte-Croix einen anderen Häftling, den Italiener Exili, kennen, der ihn in die Geheimnisse der Giftmischerei einweihte. Nach seiner Entlassung mit der Geliebten wieder vereinigt, sannen beide auf Rache. Die Marquise kochte nach Exilis Rezepten Johannisbeermarmelade, die sie zunächst ihrem Gesinde und den Kranken im Hôtel-Dieu vorsetzte, die sie im Rahmen der standesgemäßen Wohltätigkeit zu besuchen pflegte. Die Versuche erwiesen sich als zufriedenstellend: Einige der Opfer fielen in schwere Krämpfe, andere starben. Nun war die Stunde gekommen, sich dem Vater zu widmen. Die Marquise streute ihm eins der mit Erfolg ausprobierten Pulver in die Suppe: Monsieur d'Aubray starb brüllend unter entsetzlichen Schmerzen. Die Erbschaft, die er hinterließ, war freilich geringer als erhofft: Die Marquise mußte sie mit ihren beiden Brüdern, gleichfalls hohen Hofbeamten, und ihrer Schwester, einer Karmeliterin, teilen. Also wurde beschlossen, auch sie aus dem Wege zu räumen. Im Laufe des Jahres 1670 wurden die beiden Brüder unter ähnlichen Symptomen wie der Vater dahinge-

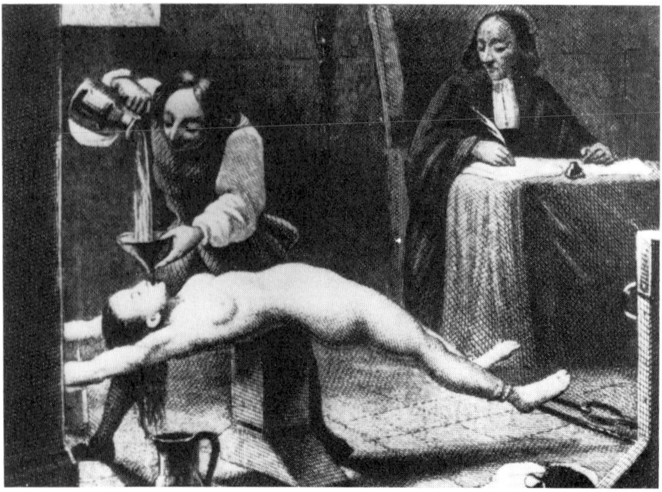

Peinliche Befragung der Marquise de Brinvilliers

rafft. Die fromme Schwester hingegen entging allen Nachstellungen durch kluge Vorsicht.

Nun verfiel die Marquise, da man einmal im Zuge war, auf den Gedanken, auch ihren Gatten zu beseitigen. Ihrem Komplizen, der seine Gunst inzwischen anderen Damen zugewandt hatte, paßte dies weniger: Da er fürchtete, die Witwe heiraten zu müssen, gab er dem Marquis beim geringsten Anzeichen von Übelkeit sofort ein Gegengift ein. »So ward«, schrieb Madame de Sévigné an ihre Tochter, »der unglückliche Ehemann nur dadurch am Leben erhalten, daß er, von den beiden Ungeheuern einander zugeschleudert, bald vergiftet, bald entgiftet wurde.«

Da trat ein Ereignis ein, das die Pläne der Marquise gänzlich durcheinanderbrachte: Am 31. Juli 1672 starb Sainte-Croix – eines natürlichen Todes. In seinem Nachlaß fand man eine Kassette, die neben einer Sammlung von Giften eine vollständige Übersicht über die begangenen Verbrechen

enthielt. Die schwer belastete Marquise floh über die Grenze in ein Kloster nach Lüttich. Doch gelang es einem cleveren Polizeiagenten namens Desgrais, sie durch eine List aus ihrem Versteck zu locken: Er gab sich als Abbé aus und lud die frischgebackene Nonne zu einem Schäferstündchen ein. Diesem Vorschlag konnte die sinnenfrohe Marquise nicht widerstehen. Um so unangenehmer war ihre Überraschung, als die Kalesche, die sie zu ihrem galanten Abenteuer bringen sollte, statt dessen Kurs auf Paris nahm. Am 15. Juli 1676 wurde sie nach eingehender Folter zum Tode durch das Beil verurteilt. Einen Tag später wurde das Urteil auf dem Grève-Platz vollstreckt. Heute wird das Haus der neben Gesche Gottfried aus Bremen wohl erfolgreichsten Giftmischerin von den Laienbrüdern der Unbefleckten Madonna bewohnt.

Auf die Frage, wer Frankreichs größter Dichter sei, hat André Gide die witzige Antwort gegeben: »Leider *Victor Hugo.*« Sechzehn Jahre lang, von 1832 bis 1848, lebte der große Mann in der zweiten Etage des Hauses 12 Place des Vosges ㉚. Seiner Geliebten Juliette Drouet hatte er ganz in der Nähe, 14 Rue Sainte Anastase, ein paar Zimmer eingerichtet, wo er sie heimlich besuchte. Seine eigene Wohnung ist heute Museum (geöffnet täglich außer montags 10–17:40 Uhr). Unvergeßlich sind vor allem die von ihm selbst geschnitzten Möbel – ein chinesisches Eßzimmer und drei Eichenschränke von schwer zu überbietender Geschmacklosigkeit. Höhepunkt ist jedoch ein von der hintergangenen Madame Hugo für einen Weihnachtsbazar angefertigtes Möbelstück: ein Tisch, in dessen Platte die Tintenfässer von Hugo, Dumas, Lamartine und George Sand fest eingelassen sind – ein Monstrum der französischen Literaturgeschichte, dessen absolute Unverwendbarkeit selbst die zur Wohltätigkeit entschlossenen Bazar-Besucher abschreckte, so daß die Heimkünstlerin ihr Meisterwerk wieder mit nach Hause nehmen mußte.

VIERTER SPAZIERGANG

QUARTIER LATIN

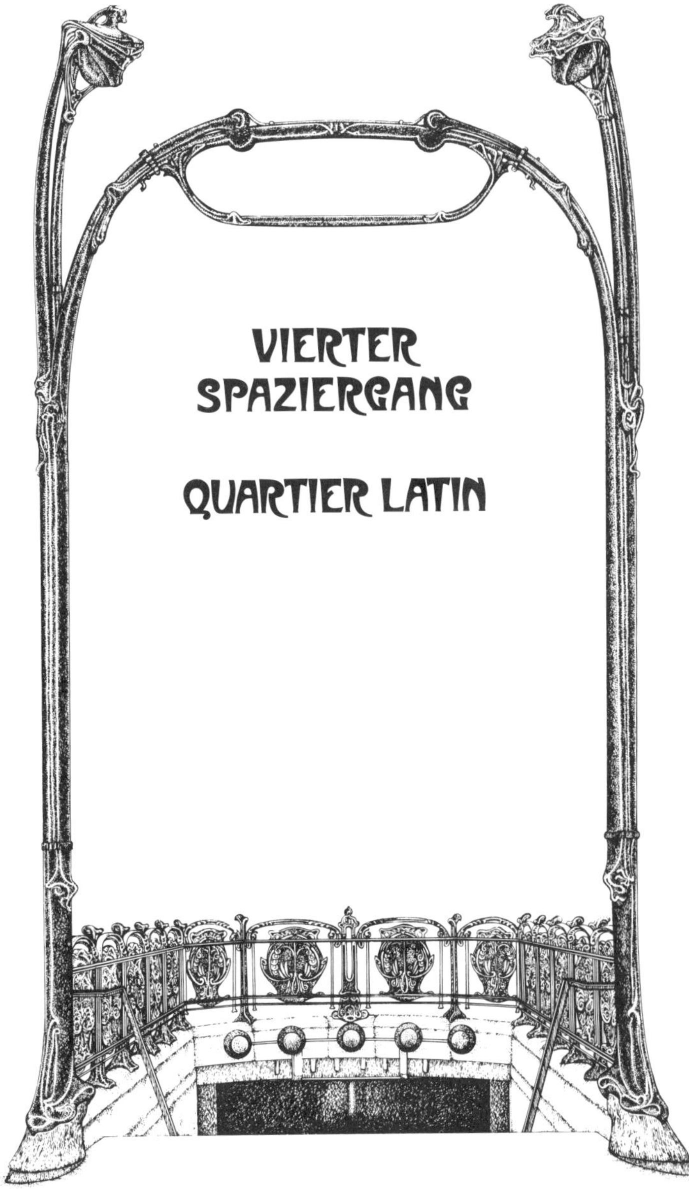

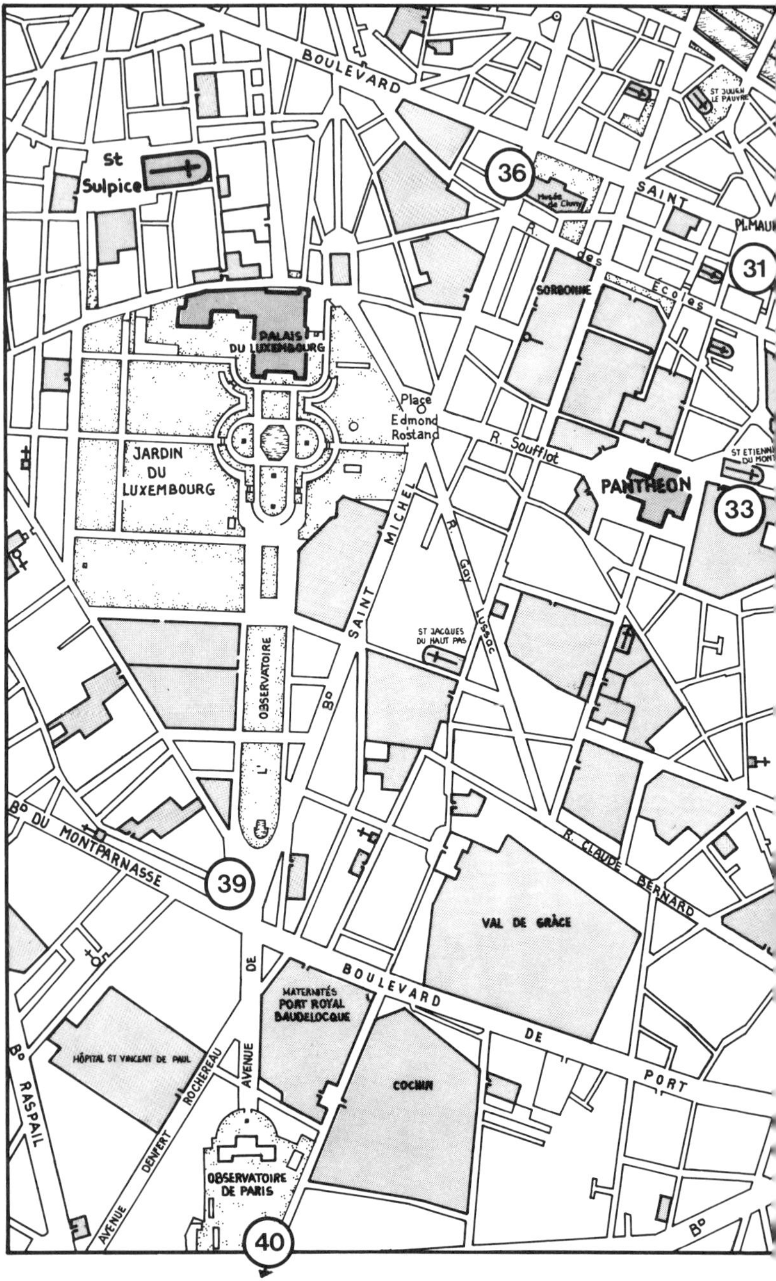

BOULEVARD
St Sulpice
36
ST JULIEN LE PAUVRE
SAINT
R. des Écoles
31
SORBONNE
PALAIS DU LUXEMBOURG
Place Edmond Rostand
R. Soufflot
PANTHEON
33
JARDIN DU LUXEMBOURG
Bd SAINT MICHEL
R. Gay Lussac
ST JACQUES DU HAUT PAS
OBSERVATOIRE
L'
Bd DU MONTPARNASSE
39
R. CLAUDE BERNARD
VAL DE GRÂCE
DE
BOULEVARD DE PORT
MATERNITÉS PORT ROYAL BAUDELOCQUE
COCHIN
HÔPITAL ST VINCENT DE PAUL
Bd RASPAIL
AVENUE DENFERT ROCHEREAU
AVENUE
OBSERVATOIRE DE PARIS
40
Bd

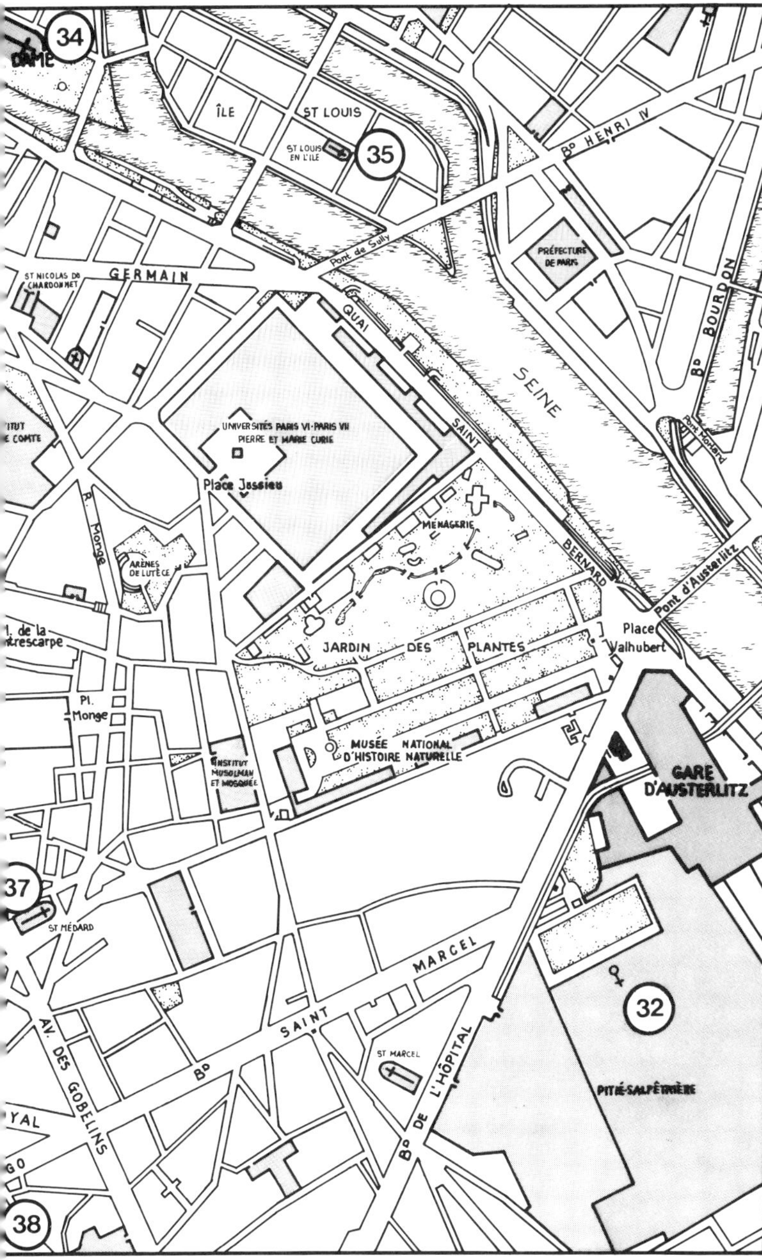
34
DAME
ÎLE
ST LOUIS
ST LOUIS EN L'ILE
35
Bd HENRI IV
Pont de Sully
ST NICOLAS DU CHARDONNET
GERMAIN
PRÉFECTURE DE PARIS
QUAI
SEINE
Bd BOURDON
UNIVERSITÉS PARIS VI-PARIS VII
PIERRE ET MARIE CURIE
Place Jussieu
SAINT
Pont Morland
R. Monge
MÉNAGERIE
ARÈNES DE LUTÈCE
BERNARD
Pont d'Austerlitz
Place Valhubert
JARDIN DES PLANTES
Pl. Monge
MUSÉE NATIONAL D'HISTOIRE NATURELLE
INSTITUT MUSULMAN ET MOSQUÉE
GARE D'AUSTERLITZ
37
ST MÉDARD
MARCEL
SAINT
Bd
32
AV. DES GOBELINS
ST MARCEL
Bd DE L'HÔPITAL
PITIÉ-SALPÊTRIÈRE
38

Studenten und Polizisten stehen im allgemeinen nicht gerade auf freundschaftlichem Fuß miteinander. Vielerorts genießen die Universitäten nach ungeschriebenem Recht eine Art Exterritorialität und sind dem freien Zugriff der Ordnungskräfte entzogen. Um so überraschender, daß sich mitten im Studentenviertel von Paris, dem Quartier Latin, das *Polizeimuseum* befindet (31) – eines der interessantesten, zugleich aber auch unbekanntesten Museen der französischen Hauptstadt. Untergebracht ist es im Kommissariat des 5. Arrondissements, 1 bis Rue des Carmes, Zimmer 203 (Öffnungszeiten: mittwochs und donnerstags 14–17 Uhr).

Wir finden hier Urkunden, Stiche und Fotos aus praktisch allen bedeutenden Kriminalprozessen der französischen Geschichte: Die Verfahren gegen Ravaillac, Charlotte Corday und die Marquise de Brinvilliers sind ebenso dokumentiert wie die Halsbandaffäre oder Fouchés Einschüchterungsversuche gegenüber der Wahrsagerin Marie Anne Lenormand: Wegen ihrer engen Beziehungen zur Kaiserin Josephine, die sie fortlaufend konsultierte, wurde sie mehrfach verhaftet und schließlich ausgewiesen. Sie rächte sich, indem sie von Brüssel aus Napoleons Sturz prophezeite. Auch die Haftbefehle gegen Voltaire (»pour propos insolents envers le Régent«), Desmoulins und Napoleon III. nach dessen mißglücktem Staatsstreich in Boulogne sind hier zu sehen; desgleichen die umfangreiche Liste der von Cartouche denunzierten Taschendiebe, Einbrecher und Hehler: Der gefürchtete Straßenräuber hatte bis zuletzt gehofft, daß ihn seine Bande aus dem Gefängnis befreien werde; als dies nicht geschah, packte er – bereits unter dem Galgen stehend – aus. Nicht weniger als 366 Verbrecher konnten aufgrund seiner Angaben dingfest gemacht werden.

Aber nicht nur Dokumente, auch dreidimenisonale Objekte sind hier ausgestellt: Polizei-Uniformen, Schlagstöcke, Fol-

terinstrumente, Richtschwerter und – »ein Geschenk des Henkers von London« – der sprichwörtliche Galgenstrick. Beim Anblick der riesigen Kollektion von Einbruchswerkzeugen geht auch dem abgebrühtesten Schränker das Herz über. Terroristen dürften sich dagegen eher an den Sprengkapseln delektieren, die Felice Orsini am 14. Januar 1858 auf Napoleon III. schleuderte. Heiratsschwindler werden der Brennschere, die eines von Landrus Opfern (S. 182) hinterließ, ihre Anteilnahme nicht versagen.
Ebenso wie das Musée Carnavalet besitzt auch das Polizeimuseum ein paar Miniatur-Guillotinen. Wer darüber hinaus an abgeschlagenen Köpfen Interesse hat, muß freilich woanders suchen. Die größte Sammlung von Schädeln Guillotinierter findet er im Musée Orfila (S. 95). Zwei Verbrecherköpfe sind sogar, säuberlich präpariert, in Formalin erhalten: Der erste gehörte Raymond Caillemin, genannt »Raymond la Science«, einem führenden Mitglied der »Bande à Bonnot«, die am 21. Dezember 1911 erstmals in der Kriminalgeschichte einen Banküberfall – es ging um die Filiale der Société Générale in der Rue Ordener – mit wartendem Automobil verübte und dadurch einen neuen, inzwischen längst klassisch gewordenen Verbrechenstyp kreierte. Am 21. April 1913 wurde Caillemin mit zwei

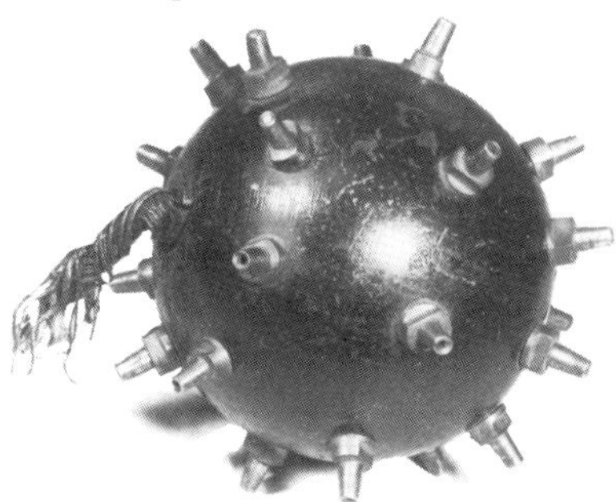

Eine der Sprengkapseln, die Felice Orsini auf Napoleon III. schleuderte: Es gab 8 Tote und 156 Verletzte, aber der Kaiser überlebte

Der Anarchist Ravachol, dessen Kopf in zwei Hälften geteilt wurde, um seinen kriminellen Instinkten auf die Spur zu kommen

Spießgesellen enthauptet. Sein guterhaltener Kopf steht in einem großen Schauglas im Labor der ophthalmologischen Abteilung des Hôtel-Dieu. Labordirektor Dr. Dermy empfindet diesen Kopf allerdings als peinlichen Fremdkörper, so daß es bedeutender Überredungskünste bedarf, um die Erlaubnis zur Besichtigung zu erwirken.

Leichter ist der Zugang zum zweiten Kopf, der auch aus anderen Gründen eine Besichtigung lohnt. Es handelt sich um den Anarchisten Jules Ravachol, der Paris im Jahre 1892 durch eine Serie von Bombenattentaten unsicher machte. Einen Tag vor Beginn seines mit Spannung erwarteten Prozesses ließen Gesinnungsgenossen das Restaurant Véry (heute: Hotel Bedford), 22 Boulevard Magenta, wo man Ravachol verhaftet hatte, in die Luft fliegen. Nach seiner Hinrichtung gelangte der Kopf in die Hände des bekannten Neurologen Charcot, des »Erfinders der Hysterie«, von dem der Student Sigmund Freud den entscheidenden Anstoß zur Entdeckung des Unbewußten empfing. Charcot teilte ihn durch einen Vertikalschnitt in zwei Hälften – offenbar, um psychosomatische Zusammenhänge zwischen Hirnbeschaffenheit und Kriminalität zu

studieren. Dort, im Labor der *Salpêtrière,* 47 Boulevard de l'Hôpital ㉜, wird der Kopf noch heute aufbewahrt. Seine Besichtigung ist nach vorheriger Anmeldung beim zuständigen Pathologen, Prof. Escourolle, möglich (Tel. 336 04 56). Vor einem Mißverständnis, das einer spanischen Putzfrau unterlief, sei allerdings vorsorglich gewarnt. Als sie des halbierten Kopfes zum erstenmal ansichtig wurde, rief sie ganz erstaunt: »Und ich dachte immer, daß die Guillotine den Hals durchschneidet!« 1975 wurde der Kopf von Studenten gestohlen und für 24 Stunden im Pantheon – als dem ihm zukommenden Ehrenplatz – aufgestellt.
Die Salpêtrière, das größte Krankenhaus von Paris, war – worauf schon der Name hindeutet – ursprünglich Pulvermagazin. 1656 wurde es durch königliches Dekret in eine Anstalt für Bettlerinnen, Dirnen und geistesgestörte Frauen umgewandelt. Dreißig Jahre später kam ein Frauengefängnis hinzu. Auch Väter, die ihrer Töchter, oder Ehemänner, die ihrer Gattinnen überdrüssig waren, konnten die Verstoßenen bei Übernahme von Kost und Logis dort unterbringen. In dem seinerzeit vielgelesenen, von Massenet und Puccini vertonten Roman des Abbé Prévost widerfährt dies der Halbweltdame Manon Lescaut; doch wird sie von ihrem Geliebten, dem Chevalier des Grieux, bald wieder befreit.
Am 5. Juni 1787 gelingt einer zweiten, diesmal aber keineswegs imaginären Halbweltdame die Flucht, nämlich der Drahtzieherin in der Halsbandaffäre, »Gräfin« de Lamotte-Valois: In Männerkleidern entkommt sie nach London, wo sie, kaum 35 Jahre alt, bei einer Orgie aus dem Fenster fällt und sich den Hals bricht.
Am 4. September 1792 war die Salpêtrière, genauer gesagt: der mittlere Hof des Gefängnisses (heute: Pavillon Vincent-de-Paul) Schauplatz eines grauenvollen Gemetzels: Ein selbsternanntes Volksgericht verurteilte 45 Insassinnen zum Tode. Die Hinrichtungen wurden mit dem Bajonett vollzogen und die Leichen nach vollbrachter Tat viehisch geschän-

Die Flucht der falschen Gräfin de Lamotte-Valois aus der Salpêtrière (im Hintergrund die Bastille)

det. Im Hof dahinter hat sich nach der Überlieferung die Flucht Manon Lescauts abgespielt.
Die Kapelle der Salpêtrière kann, wie es im »Doktor Faustus« heißt, »als reizlos preisgegeben werden«. Das Gegenteil gilt von *St. Etienne du Mont* ㉝ hinter dem Pantheon. Diese vielleicht schönste Kirche der französischen Hauptstadt besitzt auch deren einzigen Lettner, ein Meisterwerk der Renaissance-Ornamentik. Im Mittelgang fällt unser Blick auf eine in den Boden eingelassene Gedenkplatte: An dieser Stelle wurde der Erzbischof von Paris, Monseigneur Sibour, am 3. Januar 1857 von einem jungen Priester namens Louis Verger mit dem Ausruf »Nieder mit den Göttinnen!« erstochen. Verger hatte, wie er später angab, mit seiner Tat gegen das Dogma von der unbefleckten Empfängnis protestieren wollen. Eine zweite Gedenktafel an der linken Wand erinnert an den Sturz zweier Kinder von der Galerie während der Einweihung des Altars am 15. Februar 1626 und ihre wunderbare Errettung. Hauptanziehungspunkte der Kirche sind indes drei Gräber: In der Marienkapelle hinter dem Chor wurden Pascal und Racine, im rechten Seitenschiff die Schutzpatronin von

Paris, die heilige Genoveva, beigesetzt. Das heißt: Abgesehen von Teilen ihres Steinsarkophags ist von der Heiligen kaum noch etwas erhalten. Ihr Reliquienschrein wurde nämlich 1793 aufgebrochen und sein Inhalt in die Seine geworfen. Die Pilger, die den Schrein dennoch unverdrossen aufsuchen, müssen sich mit einem durch Zufall geretteten Zeigefinger begnügen, dessen Wunderkraft jedoch, wie man hört, nichts zu wünschen übrigläßt.

Auch *Notre Dame* ㉞ hat einen in den Boden eingelassenen Gedenkstein aufzuweisen, der von den meisten Touristen freilich übersehen wird. Er befindet sich im rechten Seitenschiff unmittelbar vor dem Chorumgang und erinnert daran, daß hier der Dichter Paul Claudel 1886 während des Weihnachtsgottesdienstes vom Magnifikat der Sängerknaben so gerührt wurde, daß er in den Schoß der alleinseligmachenden Kirche zurückkehrte.

Wenige Schritte dahinter ist der Eingang zur Schatzkammer (geöffnet werktags 10–17 Uhr). Wenn auch mit ihrem Aachener Gegenstück nicht entfernt zu vergleichen, besitzt sie doch einige bedeutende Reliquien, allen voran die von Ludwig dem Heiligen erworbene Dornenkrone und zwei der insgesamt 34 erhaltenen Kreuzesnägel. (Weitere Nägel befinden sich in Draguignan und der Kirche St. Siffrein von Carpentras; letzterer hat sich besonders beim Austreiben von Dämonen bewährt.) Von den beiden Nägeln ist allerdings nur einer – im Sockel der sogenannten Croix Palatine – permanent ausgestellt. Der Blick auf den zweiten wird den Gläubigen nur am Karfreitag gestattet; das gleiche gilt für die Dornenkrone. (Die beiden von Cahier und Viollet-le-Duc entworfenen Kronen-Reliquiare sind leer.) Ludwig der Heilige selbst tritt ebenfalls in Erscheinung, und zwar in Gestalt einer Rippe und seines Unterkiefers. Zu sehen sind ferner sein Büßerhemd und die Geißel, mit der er sich vom Hofkaplan nach stattgehabter Beichte die Absolution aufpelzen ließ. Schließlich sei auf die Totenmasken der

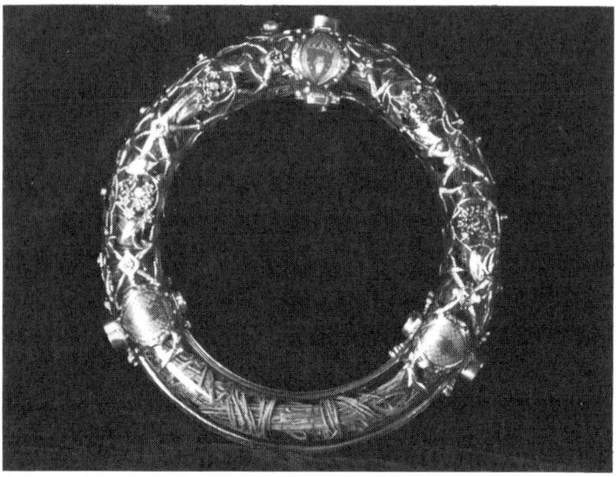

Die Dornenkrone

Pariser Erzbischöfe Affre und Darboy hingewiesen, die ebenso wie ihr Amtskollege Sibour ein gewalttätiges Ende fanden: Affre kam ums Leben, als er während der blutigen Straßenschlachten im Juni 1848 eine Barrikade bestieg, um die Aufständischen zur Niederlegung ihrer Waffen aufzurufen. Darboy wurde 1871 von der Kommune gefangengenommen und als Geisel erschossen.

An der Apsis von Notre Dame erhebt sich ein unscheinbares Häuschen im alpinen Stil – mit dem Unterschied freilich, daß, was in der Schweiz aus echtem Holz ist, hier durch Beton nachgeahmt wird. Es handelt sich um ein »chalet de nécessité« – kein bloßes Pissoir also, sondern ein Bauwerk größeren Zuschnitts, das auch die Erledigung ernsterer Geschäfte gestattet. Von dieser nicht zuletzt für die Literaturgeschichte bedeutsamen Spezies wird noch ausgiebig die Rede sein (S. 111 ff.). Hier sei nur so viel angemerkt, daß der zuverlässigste – leider seit Jahren vergriffene – Führer durch die Pariser Bedürfnisanstalten* das Chalet am Chor-

*Jonathan Routh, Guide Porcelaine to the Loos of Paris (London 1966)

haupt von Notre Dame nicht nur als architektonisches Meisterwerk preist, sondern sein Erstaunen darüber kundtut, daß man die Kathedrale nicht längst abgerissen und im Stil des Nachbarhauses wiederaufgebaut hat.
Auch auf der kleineren Seine-Insel steht eine Kirche, die unseren Besuch verdient (35) – einmal weil hier der berüchtigte Massenmörder Landru (S. 180 ff.) Meßdiener war, vor allem aber wegen eines Gemäldes, das nicht mit den Händen, sondern mit den Füßen gemalt ist. Die Kirche heißt *St. Louis-en-l'Ile* und der Maler César Ducornet. 1806 in Lille ohne Arme zur Welt gekommen, brachte er es trotz dieses Geburtsfehlers zu so bedeutender Fertigkeit, daß ihn seine Vaterstadt mit einem Stipendium nach Paris schickte. Hier ist er 1856 gestorben. Begreiflich, daß er bei der Wahl seiner Sujets vor allem nach Themen Ausschau hielt, die sein eigenes Gebrechen widerspiegelten. So trägt das Bild, von dem hier die Rede ist, den Titel: »St. Denis predigt den Galliern«. (Wie erinnerlich, mußte sich dieser Heilige in den letzten Stunden seines Lebens sogar ohne Kopf behelfen.) Leider hat ein wenig kunstsinniger Architekt die Kapelle, in der das Gemälde hängt, mit der Orgel verstellt; doch soll nach Auskunft des Küsters bald eine Lösung gefunden werden, die Auge und Ohr gleichermaßen befriedigt.
Von Ausnahmen wie Ducornet abgesehen, sind Hände naturgemäß nicht nur für die bildende Kunst, sondern auch für eine Fülle von anderen Verrichtungen conditio sine qua non. »Mit den Händen fängt es an« – diese leidvolle Erfahrung macht jeder Pädagoge, dem die Keuschheit seiner Zöglinge am Herzen liegt. Wenn es einen Ort in Paris gibt, der diese Kardinaltugend zum Leitmotiv erhoben hat, so ist es das *Musée de Cluny*, 6 Place Paul Painlevé (36). Jeder kennt die wunderbaren Gobelins der Dame mit dem Einhorn – wobei justament dieses Tier nach mittelalterlicher Tradition die Keuschheit verkörpert. Weiß man aber auch, daß das Horn in Natur besichtigt werden kann? Nur

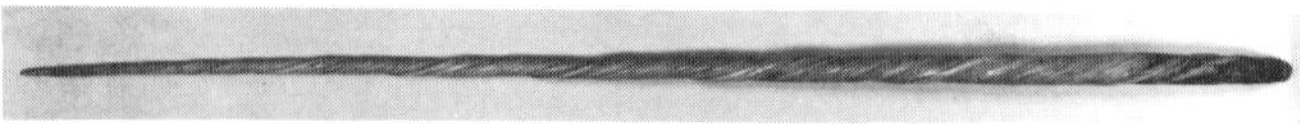

Das Horn des Einhorns

Banausen behaupten, es handle sich dabei um einen ganz gewöhnlichen Narwal-Zahn. Im gleichen Saal (Nr. 19) steht die Büste der hl. Mabilia, einer der elftausend Jungfrauen, die im Gefolge der hl. Ursula vor Köln eher den Märtyrertod erlitten, als sich den ungetauften Hunnen hinzugeben. Im Gegensatz zu den meisten Reliquiarien, die während der Revolution profaniert oder von allzu aufgeklärten Kustoden gesäubert wurden, enthält die Büste noch immer ihr sakrales Herzstück: die Hirnschale der Heiligen.
Einen eleganteren Ausweg aus ganz ähnlicher Situation wählte die griechische Nymphe Daphne: Um sich den Nachstellungen Apolls zu entziehen, ließ sie sich in einen Lorbeerbaum verwandeln. Eine höchst phantasievolle Darstellung dieses Augenblicks von der Hand des Nürnberger Silberschmieds Wenzel Jannitzer finden wir im Saal 14 (Vitrine 3). Am gleichen Ort waren früher auch zwei Keuschheitsgürtel ausgestellt; doch werden sie, um die öffentliche Sittlichkeit nicht zu gefährden, neuerdings nur noch reifen Besuchern gezeigt (Öffnungszeiten: täglich außer dienstags 9:45–12:30 und 14–17:15 Uhr).
Daß übertriebene Keuschheit zur Hysterie führen kann, wissen wir nicht erst seit Freud. In der ersten Hälfte des vorigen Jahrhunderts erregten drei schwäbische Mädchen – Lisette Kornacher (Kleists »Käthchen von Heilbronn«), Gottliebin Dittus und die »Seherin von Prevorst« – durch exaltiertes Gebaren, Krampfanfälle und somnambule Zustände in ganz Europa Aufsehen. Pietistische Erziehung und Geschlechtstrieb waren zueinander in ein solches Spannungsverhältnis getreten, daß Flucht in die Neurose der einzige Ausweg schien. Und von 1727 bis 1732 war der Friedhof der Kirche St. Médard (37) Schauplatz einer

Massenhysterie, die mehr als tausend Frauen, die sogenannten *Konvulsionärinnen,* erfaßte. Anlaß war der frühe Tod des Diakons Francois de Pâris, der, persönlich aus wohlhabender Familie, sich im Dienst der Armen verzehrt hatte. An seinem Grab versammelten sich zunächst Freunde und Bewunderer zu stiller Andacht. Bald jedoch stießen ganze Schwärme unverheirateter Mädchen hinzu, die in immer

Flagellantische Exzesse der Konvulsionärinnen auf dem Friedhof von St. Médard

wüsteren Formen ihrem Schmerz über den Tod des jungen Klerikers Ausdruck gaben. Man unterschied die »sauteuses«, die entfesselt auf dem Grabe herumsprangen, von den »miauleuses«, die stundenlang das Jaulen von Katzen nachahmten. Andere wiederum drängte es nach Flagellation und masochistischer Erniedrigung – einer als »grand secours« bezeichneten Wohltat, die ihnen von kräftigen jungen Männern aus dem Viertel nur allzu gern appliziert wurde. Als einige der »secouristes« dazu übergingen, ihren Opfern die Brustwarzen herauszureißen oder sie auf deren inbrünstiges Verlangen gar zu kreuzigen, schritt die Staatsgewalt ein. Am 27. Januar 1732 wurde der Friedhof geschlossen, später im Zuge eine Erweiterung der Kirche überbaut. Das Grab von Pâris befindet sich unterhalb der Chapelle de la Vierge links von der Apsis – leicht zu erkennen durch ein fälschlich Watteau zugeschriebenes Gemälde »Die heilige Genoveva weidet ihre Lämmer«, dessen Anmut eine Idyllik verbreitet, die hier nicht immer geherrscht hat.
Auch der Kartonagenfabrik Benard & Cie, 4–6 Rue Gustave Geoffroy (38), sieht man nicht an, daß sich hier vor fast sechshundert Jahren eine Katastrophe zutrug, die politische Folgen haben sollte. In diesem Hause nämlich – das nach einer bisher nicht mit Sicherheit identifizierten Bewohnerin »*Hôtel de la Reine Blanche*« heißt – feierte die aus Bayern gebürtige Königin Isabeau am 28. Januar 1393 die Hochzeit einer ihrer Hofdamen; da gerade Faschingszeit war, beschloß sie, nach der Sitte ihrer Heimat einen Maskenball zu veranstalten. König Karl VI. erschien gemeinsam mit vier Höflingen; die fünf Herren hatten sich – ein schönes Beispiel für die »dolce vita« des späten Mittelalters – als wilde Tiere verkleidet und aneinandergekettet. Der Bruder des Königs, Herzog Ludwig von Orléans, näherte sich der Gruppe mit einem Kienspan – angeblich, wie er später erklärte, um besser sehen zu können. Dabei

Der Maskenball im Hôtel de la Reine Blanche, bei dem König Karl VI. zwar sein Leben rettete, aber den Verstand verlor

fingen die Tierkostüme Feuer: Drei der Höflinge verbrannten bei lebendigem Leibe. Dem vierten, Monsieur de Nantouillet, gelang es, sich zu befreien und durch einen Sprung ins nächste Weinfaß zu retten.

Auch der König wurde gerettet, da seine Tante, die Herzogin von Berry, blitzschnell ihren Mantel über ihn warf. Doch war er von Stund an nicht mehr zurechnungsfähig: Der Schock hatte seine ohnehin labile geistige Gesundheit endgültig zerrüttet. Bruder Ludwig übernahm die Regentschaft und bald auch die ehelichen Pflichten des zunehmend verlotternden und von Ungeziefern starrenden Königs. Aber auch Herzog Johann von Burgund meldete Machtansprüche an. Die Folge war der Bürgerkrieg zwischen den Armagnac und den Bourguignon, der nicht nur die Ermordung der beiden Prätendenten nach sich zog, sondern Frank-

Carolina ein Französischlehrer namens Peter Stewart Ney auftauchte, dessen Ähnlichkeit mit dem berühmten Marschall französischen Emigranten auffiel. Als Neys Grab auf dem Friedhof Père Lachaise 1903 im Zuge von Restaurationsarbeiten geöffnet wurde, fand man es leer.

Die »Closerie des Lilas« ist etwa seit der Jahrhundertwende ein beliebter Treffpunkt von Studenten, Literaten und Künstlern. Messingplatten an den Tischen der Bar – das Restaurant ist nur Herrschaften mit gut gepolstertem Portefeuille zu empfehlen – markieren die Stammplätze von Gide, Giraudoux, Strindberg, Modigliani, Rolland und Apollinaire. In seinem Paris-Buch »A Moveable Feast« hält Hemingway – auch er ein treuer Habitué – den erschütternden Augenblick fest, als das eher schlichte Bistro 1923 in eine elegante »American Bar« umgewandelt und die Kellner gezwungen wurden, ihre Schnurrbärte abzunehmen.

An einem der Tische gleich am Eingang der Bar erinnert eine Messingplatte daran, daß *Lenin* hier gelegentlich mit Trotzki Schach spielte. Seine Wohnung, 4 Rue Marie-Rose (40), ist heute Museum und kann nach Voranmeldung (Tel. 322 82 38 oder 322 85 57) besichtigt werden. Hier lebte Monsieur Oulianov mit Frau und Schwiegermutter drei Jahre lang, von 1909 bis 1912, in äußerst bescheidenen Verhältnissen. Als sein Nachmieter, ein polnischer Chordirektor, sich nach den Preisen für Eier und Fleisch erkundigte, sahen ihn die Eheleute erstaunt an: »Wir haben immer nur Salat und Pferdefleisch gegessen.« Es gab weder ein Bad noch Schränke; Kleider und Bücher wurden in Obstkisten verstaut. Als Empfangsraum diente die winzige Küche; hier bereitete Lenin seinen Besuchern Tee oder setzte ihnen den von seiner Schwiegermutter gebrauten Himbeerlikör vor. Was heute in der Wohnung zu sehen ist, wurde der damaligen Einrichtung liebevoll nachempfunden; echt ist nicht ein einziges Stück. Könnte etwas den gegenwärtigen Zustand des Kommunismus besser symbolisieren?

FÜNFTER SPAZIERGANG

SAINT-GERMAIN-DES-PRÉS

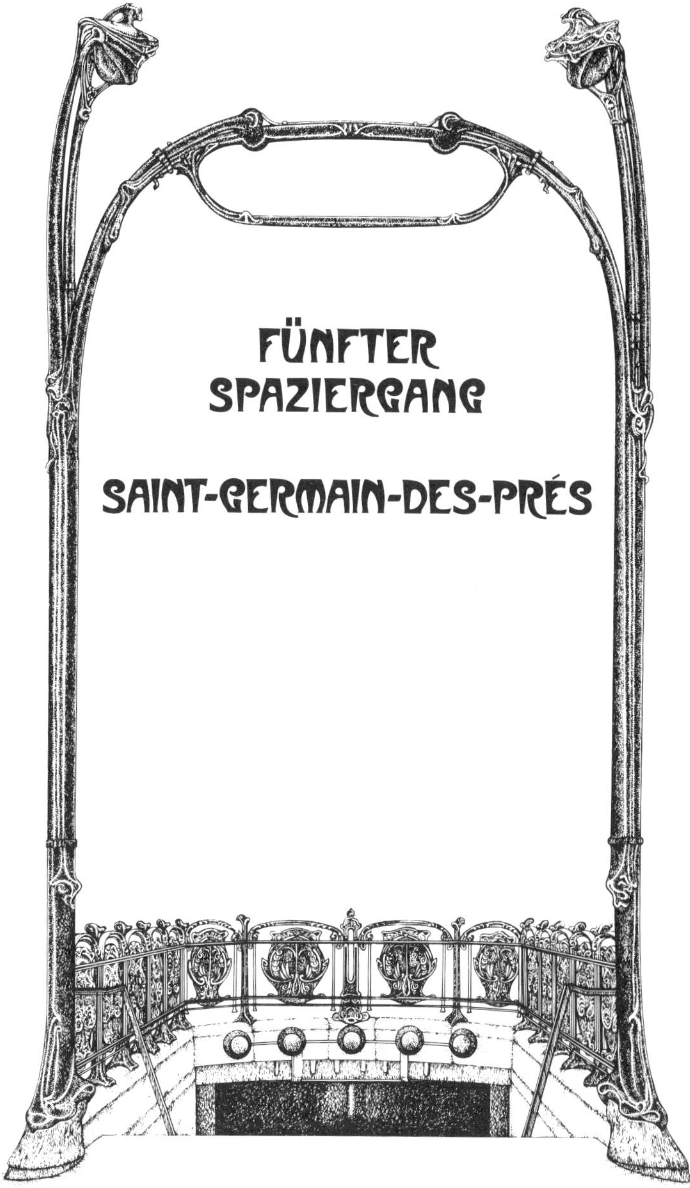

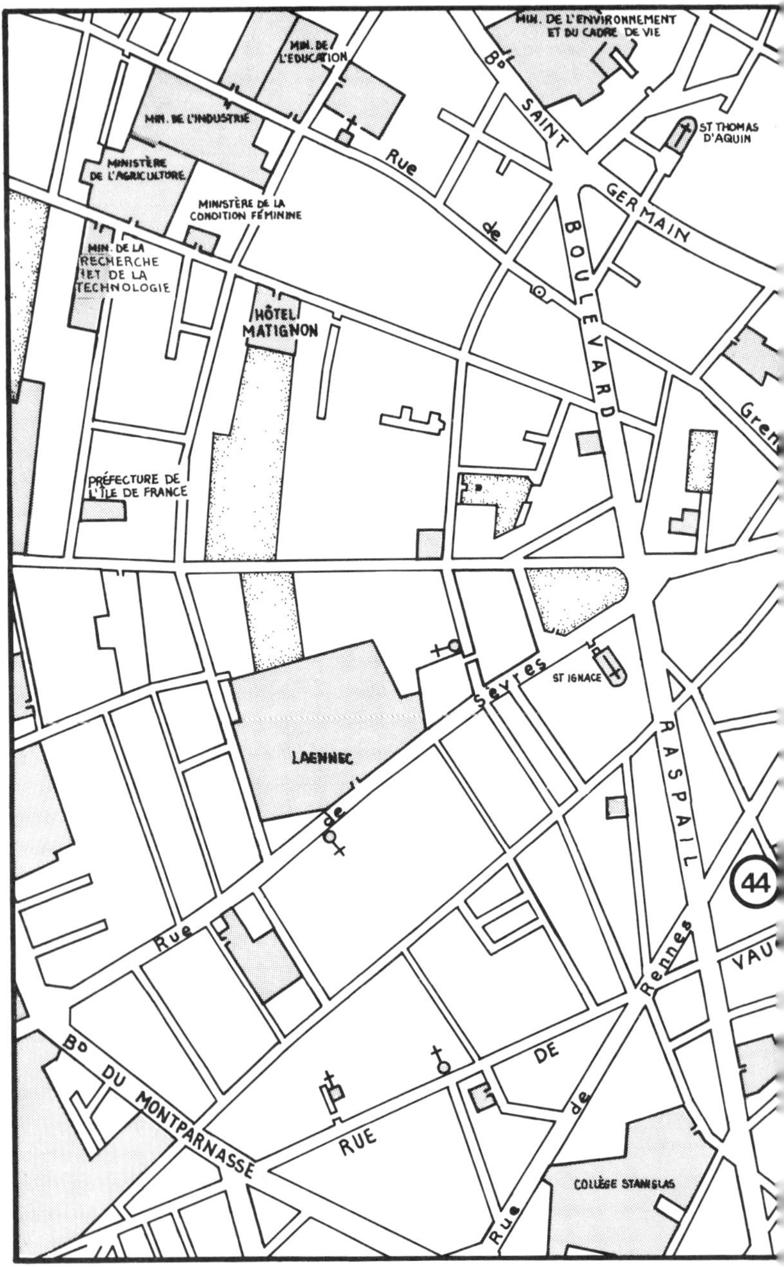
MIN. DE L'ENVIRONNEMENT ET DU CADRE DE VIE
MIN. DE L'EDUCATION
MIN. DE L'INDUSTRIE
MINISTÈRE DE L'AGRICULTURE
MINISTÈRE DE LA CONDITION FÉMININE
MIN. DE LA RECHERCHE ET DE LA TECHNOLOGIE
HÔTEL MATIGNON
PRÉFECTURE DE L'ÎLE DE FRANCE
ST THOMAS D'AQUIN
Bd SAINT GERMAIN
Rue de Grenelle
BOULEVARD RASPAIL
Rue de Sèvres
ST IGNACE
LAENNEC
Rue de Rennes
Bd DU MONTPARNASSE
RUE DE VAUGIRARD
COLLÈGE STANISLAS
44

nicht nur mit Kavalieren von Geblüt, sondern auch mit ganz gewöhnlichen Burschen aus dem Volk, ja sogar, horribile dictu, mit Professoren der Sorbonne. Nach den Liebesnächten seien die Beischläfer von Kammerdienern kurzerhand in die Seine geworfen worden, darunter der berühmte Philosoph Buridan: Nur einem zufällig vorbeifahrenden Kahn, der Heu geladen hatte, verdanke er sein Leben.
Ob wahr oder nicht, die Prinzessinnen müssen für ihren Ehebruch teuer bezahlen: Marguerite wird von ihrem eigenen Gatten zwischen Kissen erstickt; Blanche endet nach längerem Leidensweg im Kloster. Die Brüder Aulnay werden kastriert, danach bei lebendigem Leibe enthäutet und schließlich auf dem Grève-Platz geköpft.
Wenige Monate zuvor hatte auf dem Square du Vert Galant am westlichen Ende der Ile de la Cité (42), also in unmittelbarer Nähe der Tour de Nesle, eine zweite Hinrichtung stattgefunden: Am 11. März 1314 bestieg dort der Großmeister des Templerordens, Jacques de Molay, mit mehreren Würdenträgern den Scheiterhaufen (Gedenktafel am Treppenaufgang). Die Anklage lautete auf Sodomie, Gotteslästerung – nämlich Anbetung des doppelgeschlechtlichen Dämonen Baphomet (S. 53) – und Trunksucht. In der Tat war die Weinseligkeit der Ordensbrüder notorisch, »bibere templariter« (saufen wie ein Templer) geradezu stehende Redensart. (Den amerikanischen »Guttemplern«, die sich dem Kampf gegen den Alkoholismus verschrieben haben, ist diese terminologische Hypothek offenbar entgangen.) Der ausschlaggebende Grund für den Prozeß dürfte jedoch die chronische Geldverlegenheit Philipps des Schönen gewesen sein; mit dem Verbot des Ordens und der Beseitigung des Großmeisters fiel das sehr beträchtliche Vermögen der Templer an die Krone. Ganz ungeschoren sollte Philipp allerdings nicht davonkommen: Während die Flammen schon um seinen nackten Leib züngelten, prophezeite de Molay, noch vor Jahresfrist werde auch der König

Die Verbrennung der Tempelherrn auf der Ile de la Cité

vor dem Richterstuhl Gottes stehen. So geschah es: Am 29. November 1314 war er tot.

Das Reiterstandbild des »Vert Galant«, das sich oberhalb des nach ihm benannten Platzes auf dem Pont Neuf erhebt, ist bereits das zweite seiner Art. Das erste war noch zu Lebzeiten Heinrichs IV. bei Giovanni da Bologna in Auftrag gegeben worden, traf aber erst nach seinem Tode in Paris ein: Auf der Reise von Italien war das Schiff gesunken; man brauchte Jahre, um das 6200 Kilo schwere Denkmal – übrigens das erste der französischen Hauptstadt – vom Meeresgrund zu heben. 1792 fiel es jakobinischer Zerstörungswut zum Opfer. Der Maler David beantragte damals im Konvent, an seiner Stelle eine 15 Meter hohe Statue des »Génie révolutionnaire« zu errichten mit den Inschriften »Lumière« auf der Stirn, »Vérité« auf der Brust und »Travail« auf den Händen. Der Antrag wurde angenommen, aber durch die Ereignisse des 9. Thermidor überholt. 1818 wurde beschlossen, das Standbild Heinrichs IV. wiederherzustellen. Als Material benutzte man zwei Napoleon-Denkmäler, die zu diesem Zweck eingeschmolzen wurden: das auf der Vendôme-Säule (S. 24) und ein zweites aus Boulogne-sur-Mer. Einer der Gießer, ein aufrechter Bonapartist namens Mesnel, war darüber so empört, daß er in den rechten Arm des Königs eine Napoleon-Statuette hineinschmuggelte und in den Bauch des Pferdes ein ganzes Bündel antiroyalistischer Pamphlete.

Zu den bleibenden Errungenschaften der Französischen Revolution gehört, wie man weiß, die *Guillotine.* Im Prinzip war dieser Hinrichtungsapparat freilich bereits im Mittelalter bekannt; in England hieß er »Scottish maiden«, in Frankreich »doloire«, in Deutschland »Diele«. Seinen heutigen Namen verdankt er dem Pariser Arzt Joseph Ignace Guillotin, der am 1. Dezember 1789 in den Generalständen einen Gesetzesantrag einbrachte, nach dem die Todesstrafe künftig nur noch durch Enthaupten vollstreckt werden sollte, und zwar nicht mehr durch das unzuverlässige Schwert, sondern durch einen »einfachen Mechanismus«. Im Feuer seiner humanitären Begeisterung ließ sich Guillotin zu dem Ausruf hinreißen: »Mit meiner Maschine, Messieurs, fällt Ihnen der Kopf im Handumdrehen ab, ohne daß Sie das geringste merken!« Das Protokoll verzeichnet stürmische Heiterkeit, was die Versammlung indes nicht hinderte, das Projekt grundsätzlich gutzuheißen.

Da es bei dem neuen Instrument offenkundig auf Präzision ankam, beauftragte man einen deutschen Handwerker, den Klavierbauer Tobias Schmidt, den Gluck als Klavierstimmer an den Hof von Versailles gebracht hatte, mit der Anfertigung eines Modells. (Auch später ließen sich die Franzosen gern von Deutschen oder mindestens Deutschstämmigen köpfen: Die populärsten Scharfrichter nach dem Abtreten der Familie Sanson hießen Heidenreich, Deibler und Obrecht.) Schmidts Modell wurde erstmals im April 1792 an einem Hammel ausprobiert, und zwar genau vor seiner Werkstatt, 9 Cour du Commerce St. André (43) – einer düsteren Privatstraße, in der auch Marat seine blutrünstige

Dr. Joseph Ignace Guillotin

Zeitschrift »L'Ami du Peuple« herausgab; die Druckerei existiert noch (Nr. 8). Der Versuch verlief erfolgreich. Ein paar Tage später wurde er an drei Leichen, zwei Kriminellen und einer »femme gâtée«, im Krankenhaus von Bicêtre wiederholt. Am 25. April 1792 schließlich hatte der Straßenräuber Jacques Pelletier die Ehre, auf dem Grève-Platz als erster Mensch mit der Guillotine vom Leben zum Tode befördert zu werden.

Schmidt erhielt nun den Auftrag, nicht nur die Hauptstadt, sondern sämtliche Departements mit Guillotinen zu versorgen; er wurde ein schwerreicher Mann dabei. Er konnte es sich sogar erlauben, mit Eugène Beauharnais um die Gunst

der Tänzerin Chameroi zu wetteifern. Später verfiel er dem Trunk und starb im Delirium tremens.
Von der ersten Generation der Guillotine sind nur noch wenige Exemplare erhalten. Das Instrument, mit dem Danton und Robespierre hingerichtet wurden, steht seltsamerweise im Keller des Untersuchungsgefängnisses von Berlin-Moabit; wie es dorthin kam, konnte bisher nicht überzeugend geklärt werden. Eine zweite Guillotine aus derselben Zeit finden wir im »Caveau des Oubliettes«, 11 Rue St. Julien-le-Pauvre, wo mittelalterlich kostümierte Barden ein zunehmend japanisches Publikum mit Chansons aus der guten alten Zeit ergötzen. Miniatur-Modelle können im Musée Carnavalet (S. 56) und im Polizeimuseum (S. 68) besichtigt werden.
Bis 1939 waren Hinrichtungen in Frankreich öffentlich. In Paris wurde die Guillotine im Lauf der Jahre an verschiedenen Orten aufgestellt: Von 1851 bis 1900 stand sie vor dem Zuchthaus de la Grande Roquette (S. 174), danach auf dem Boulevard Arago vor dem Untersuchungsgefängnis la Santé. Heute werden Hinrichtungen in der Santé selbst vollzogen. Zum letztenmal trat die Guillotine am 28. November 1972 in Aktion: Der noch heute amtierende Henker, Marcel Chevalier, enthauptete damals zwei Strafgefangene, die im Zuchthaus eine Geisel umgebracht hatten. Aufbewahrt wird die Guillotine in der Haftanstalt von Fresnes. Früher hatte sie der Henker, wie das mit handwerklichem Arbeitsgerät häufig der Fall ist, selbst unter Verschluß. Davon ist man aber abgekommen, nachdem Henri Clément Sanson, der letzte aus der berühmten Scharfrichter-Dynastie, den Apparat seinen Gläubigern als Pfand überlassen hatte, so daß er im entscheidenden Augenblick nicht zur Verfügung stand. Das peinlich überraschte Justizministerium beeilte sich, das Pfand auszulösen und Sanson vorzeitig in den Ruhestand zu schicken.
Eine weitere Spur aus den Tagen der Revolution findet sich

im Kloster St. Joseph des Carmes, 70 Rue de Vaugirard (44). Hier wurden der Erzbischof von Arles, die Bischöfe von Beauvais und Saintes sowie 110 weitere Priester eingesperrt und am 2. September 1792 einer nach dem andern massakriert. Diese sogenannten *Septembermorde* fanden auf der Treppe statt, die hinter der Sakristei in den Garten führt. Nach vollbrachter Tat deponierte die Soldateska ihre blutigen Spieße in einem kleinen Raum oberhalb der Sakristei, wo heute Seminaristen Klavier üben. Dabei bekam auch die Wand einige Spritzer ab. Nach dem Ende des Terrors wurde sie verglast und so das Märtyrerblut vor dem völligen Verdunsten bewahrt. Der Raum kann dienstags bis samstags, jeweils um 14:30 und 15:30 Uhr, besichtigt werden.

Die Septembermorde im Kloster St. Joseph des Carmes

Nicht zu besichtigen ist dagegen das Refektorium des Franziskanerklosters, 15 Rue de l'Ecole de Médecine (45): Es wird zur Zeit von Grund auf restauriert. In diesem Refektorium trafen sich Danton, Marat, Desmoulins und andere Revolutionäre, die sich in Anspielung auf den Strick der Franziskaner-Kutte »Cordeliers« nannten. Später war hier das *Musée Dupuytren* untergebracht, eine der drei großen medizinischen Sammlungen von Paris. Bis zum Abschluß der Bauarbeiten wurde sie in das Labor von Prof. Abelanet auf der gegenüberliegenden Seite des Hofes ausgelagert und kann dort nach Vereinbarung (Tel. 329 21 77, App. 405) besichtigt werden.
Das Museum umfaßt 5000 Exponate, zumeist krankhafte Organe, die in Formalin konserviert sind, aber auch deformierte Knochen und Nachbildungen aus Wachs. Das älteste Stück (aus dem Jahre 1752) ist das Skelett einer Demoiselle Querian, die an Knochenerweichung litt und schließlich so schwach war, daß sie nicht einmal einen Löffel halten konnte: Das Skelett wiegt weniger als 2 Kilo, etwa den zwölften Teil dessen, was der Körpergröße der Patientin angemessen gewesen wäre.
Berühmt ist das Museum für seine in der Welt einmalige Monstrensammlung: Wir finden hier nicht nur siamesische Zwillinge in allen Variationen, sondern auch Kinder mit Zebrastreifen oder mit dem Gehirn auf der Wirbelsäule, Zyklopen, Föten mit zwei Zungen, Vögel mit zwei Schnäbeln, Hunde und Katzen mit acht Pfoten sowie Kälber mit aneinandergewachsenen Köpfen. Besonders lehrreich ist der Schlund eines diebischen Arbeiters, der bei der Banque de France beschäftigt war: Er ließ täglich einen Louisdor verschwinden, indem er ihn verschluckte. Als er auf dieselbe Weise ein silbernes Fünf-Franc-Stück mitgehen ließ, erstickte er – ein klarer Beweis dafür, daß unrecht Gut nur dann nicht gedeiht, wenn man unter seinem Niveau stiehlt.
Unter den weniger aus wissenschaftlichen als aus sentimen-

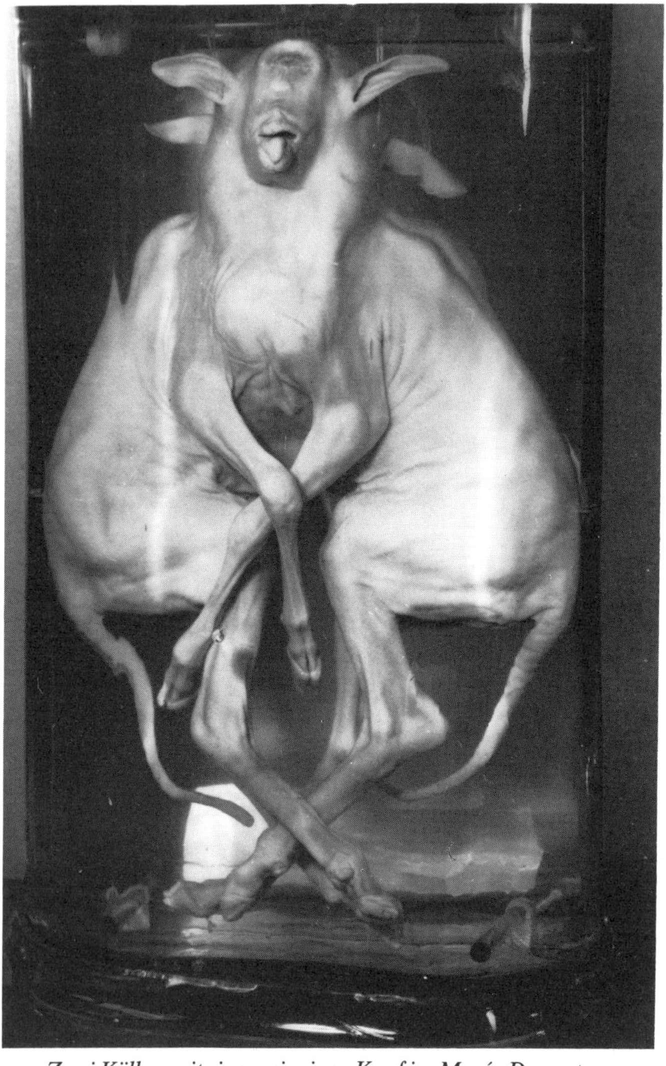

Zwei Kälber mit einem einzigen Kopf im Musée Dupuytren

talen Gründen aufbewahrten Stücken sind vor allem das Fettherz und der Mastdarm des großen Schauspielers Talma – Napoleon nahm bei ihm rhetorischen Unterricht – zu nennen sowie die Geschlechtsorgane eines populären Kollegen vom Film, dessen Name hier allerdings ebenso verschwiegen sei wie der jenes bedeutenden französischen Nachkriegspolitikers, dessen Prostata zu den Schmuckstükken der Sammlung gehört.

Die zweite Sammlung dieser Art, das *Medizingeschichtliche Museum,* befindet sich auf der gegenüberliegenden Straßenseite, 12 Rue de l'Ecole de Médecine (46). Sie gehört zur medizinischen Fakultät der Universität Paris VII, einem riesigen Gebäudekomplex, der sich an der Stelle des Hauses erhebt, wo Marat seinerzeit ermordet wurde. Die Badewanne, in der er den tödlichen Streich empfing, ist erhalten und kann im Musée Grévin (S. 37) besichtigt werden.

Das Museum verdient in erster Linie wegen seiner reichhaltigen Kollektion chirurgischer Instrumente unseren Besuch; einige stammen aus der Antike, ja sogar aus der Bronzezeit. Skalpelle, Amputationssägen, Geburtszangen, Magenpumpen und abenteuerlich geformte Narkosemasken sind ganz dazu angetan, auch gestandenen Männern den Angstschweiß auf die Stirn zu treiben. Das schönste Stück ist jedoch ein dreibeiniger Tisch, den ein gewisser Dr. Efisio Marini 1866 aus versteinerten tierischen Körperteilen anfertigte und Napoleon III. zum Geschenk machte (Öffnungszeiten: mittwochs und freitags 14–18 Uhr).

Die dritte einschlägige Sammlung ist das *Musée Orfila,* 45 Rue des Saints-Pères (47). Sie gehört zur medizinischen Fakultät der Universität Paris V (Besichtigung nach Vereinbarung: Tel. 260 37 20, App. 4201) und ist vor allem wegen ihrer Gipsabgüsse von Köpfen Guillotinierter bemerkenswert. Von einigen sind sogar die authentischen Schädel vorhanden, so von dem Nobelverbrecher Lacenaire – den wir aus dem Film »Die Kinder des Olymp« kennen – und

von dem Attentäter Fieschi: Als seine Höllenmaschine losging, verletzte ihn der Rückstoß am Kopf, was noch am Schädel deutlich zu sehen ist.
Unter den Gipsmodellen sind die Gehirne einer merkwürdigen Gesellschaft hervorzuheben, die sich »Société d'Autopsie mutuelle« nannte; zu ihren Mitgliedern gehörten nicht nur die renommierten Anthropologen Broca und Bertillon, sondern auch Léon Gambetta. Aus Wachs ist dagegen die Nachbildung des Hofzwergs von Stanislaw Leszcyński, Nicolas Féry, den wir im Originalkostüm eines Rokoko-Edelmanns bewundern können: Der entthronte polnische Monarch pflegte ihn in einer Suppenschüssel auftragen zu lassen, aus der entsteigend, er der kreischenden Hofgesellschaft artig seine Reverenz erwies. Nicht zu vergessen ist schließlich ein mumifizierter Affe, der in der Geschichte der französischen Malerei eine Rolle spielte: Fragonard benutzte ihn als Modell für seine galanten Schäferszenen. Als der Affe 1797 starb, wurde er von einem Vetter des Malers, der in der Anatomie tätig war, fachgerecht einbalsamiert.
Bei den Leichen, die angehende Anatomen zu Übungszwecken sezieren, handelt es sich in der Regel um Verstorbene, die von keinem Familienangehörigen reklamiert werden. Dieses traurige Schicksal widerfuhr auch der Blumenbinderin Lucile Louvet, die am 9. April 1848 im Krankenhaus La Pitié an der Tuberkulose starb; Musikliebhabern ist sie unter dem Namen Mimi als Heldin der Oper »La Bohème« bekannt. Henri Murger, der Autor des der Oper zugrundeliegenden Romans, der sich selbst in der Figur des hungernden Poeten Rodolphe verewigte, hatte sie im Frühjahr 1845 kennengelernt und zu sich genommen. Er bewohnte damals ein ärmliches Zimmer unter dem Dach des Hotels Merciol, 5 Rue des Canettes (48). Auf die Frage, warum er ausgerechnet in der 5. Etage wohne, gab er zur Antwort: »Weil es keine sechste gibt.« In diesem Haus, in

Szenen aus »La Bohème«

dem heute eine Pizzeria Studenten und Touristen mit wohlfeiler Nahrung versorgt, müssen wir uns also den ersten Akt der Oper vorstellen. Daß hier im Winter »eiskalte Händchen« an der Tagesordnung waren, leuchtet ohne weiteres ein. Irrig ist hingegen das rührend naive Bild, das Puccini von seiner schwindsüchtigen Protagonistin entwirft. Lucile war alles andere als eine Unschuld vom Lande, sondern im Gegenteil eine junge Dame mit recht bewegter Vergangenheit: Als Murger ihre Bekanntschaft machte, war sie mit einem Flickschuster verheiratet, von dem sie jedoch getrennt lebte. Da sie ihre Gunst jedermann freigiebig gewährte, kam es auch mit ihrem neuen Geliebten fortwährend zu häuslichen Szenen. Nach zwei Jahren warf Murger sie schließlich hinaus. Zwar versöhnten sich die beiden wieder, doch machte ihr Gesundheitszustand kurz darauf ihre Einweisung ins Krankenhaus notwendig.
Auch die übrigen Personen der Oper haben historische Vorbilder: Colline hieß in Wahrheit Wallon; die Figur des Malers Marcel ist vom Schriftsteller Champfleury, die des Musikers Schaunard vom Maler Alexandre Schanne inspiriert, der allerdings weniger durch seine künstlerischen Leistungen glänzte als dadurch, daß er seinen Freunden – die sich ironisch als »Club der Wassertrinker« bezeichneten – zum Tanz aufspielte. Musette schließlich, die im zweiten Akt der Oper ihren großen Auftritt hat, war in Wirklichkeit das Modell Marie Christine (genannt Mariette) Roux. Ingres hat sie gemalt, Pradier in Stein gehauen; Nadar machte 1855 von ihr die ersten Aktaufnahmen in der Geschichte der Fotografie.
Das Café Momus, in dem der zweite Akt spielt, gibt es nicht mehr. Es war das Hauptquartier der »Wassertrinker«, deren frugaler Konsum vom Wirt gern geduldet wurde, da er selbst in Öl dilettierte. Auch vom »Grand Hôtel des Etrangers«, 2 Rue Racine, ist nur noch der Name erhalten. Im – nicht mehr existierenden – Speisesaal traf sich der literarische

Club der »Vilains Bonshommes« regelmäßig zu Dichterlesungen. Eine Zeitlang wohnte Rimbaud in dem Hotel; da er sich kein eigenes Zimmer leisten konnte, schlief er auf dem Sofa des Komponisten Cabaner. Einmal wohnten er und sein Freund Verlaine einer Lesung der »Vilains Bonshommes« bei. Nach jedem Absatz ließ Rimbaud ein kräftiges »merde« ertönen. Beide waren nicht wenig erstaunt, daß sie danach nie wieder eingeladen wurden.

Immer noch vorhanden ist dagegen der Urahn aller literarischen Cafés der französischen Hauptstadt, das »*Procope*«, 13 Rue de l'Ancienne-Comédie ㊾. 1686 von dem Italiener Procopio dei Coltelli gegründet, avancierte es rasch zum Stammlokal der Schriftsteller und Philosophen des aufgeklärten Zeitalters. Beaumarchais erwartete hier ungeduldig das Ende der Premiere von »Figaros Hochzeit« im nahegelegenen Odéon-Theater (damals: Théâtre français); sie wurde ein durchschlagender Erfolg, der das Ancien Régime in seinen Grundfesten erschütterte. In der ersten Etage des Cafés zeigt man den marmornen Stammtisch Voltaires, angeblich ein Geschenk Friedrichs des Großen. Später trafen sich hier die Revolutionäre des Viertels: Danton wohnte gleich um die Ecke, etwa dort, wo heute sein Denkmal steht. Der Leutnant Bonaparte konnte einmal nicht zahlen und mußte seinen Hut zum Pfand dalassen. Ende des 19. Jahrhunderts fanden hier unter dem Vorsitz Zolas die berühmten »dîners à boeuf nature« statt, an denen Maupassant, Bourget, Huysmanns und andere literarische Größen teilnahmen.

Auch *Oscar Wilde* besuchte gelegentlich das Café. Nach seiner Entlassung aus dem Zuchthaus hatte er England sofort den Rücken gekehrt und sich zunächst in den kleinen Badeort Berneval-sur-Mer bei Dieppe zurückgezogen. Dort wurde es ihm aber bald zu langweilig. Nach verschiedenen Reisen in den Süden Europas ließ sich der Verfemte schließlich unter dem Decknamen Sebastian Melmoth in

Paris nieder. Nahezu mittellos bezog er ein bescheidenes Zimmer im Hôtel d'Alsace, 13 Rue des Beaux Arts (50), das bis zum Kriegsausbruch 1870 noch »Hôtel d'Allemagne« geheißen hatte. Halb angekleidet lag er tagelang im Bett; Freunde, die ihn besuchten und mit dem Nötigsten versorgten, waren bestürzt über die ekelhafte Unordnung. Ständige, möglicherweise durch eine syphilitische Gehirnentzündung verursachte Kopfschmerzen nahmen ihm den letzten Rest seiner Arbeitskraft. Als er sich schließlich zu einer Operation entschloß, war es zu spät. Am 30. November 1900, nachdem er noch die katholische Taufe erhalten hatte, starb er im Speisesaal in den Armen des Hoteldirektors Dupoirier, der ihm oft genug die Miete hatte stunden müssen. Seine letzten Worte waren: »I am dying beyond my means.«

1968 wurde das Haus von Grund auf renoviert. Heute ist es eine Luxusherberge mit dem verräterisch lapidaren Namen »L'Hôtel«, die sich – was dem Dandy Wilde bestimmt gefallen hätte – besonders bei der internationalen Schickeria aus dem Showbusiness großer Beliebtheit erfreut. Wenn Sie von hier aus Ihre Pariser Freunde anrufen, können Sie eines anerkennenden Zungenschnalzens sicher sein. (Weitere Ratschläge für den perfekten Snob finden Sie im Anhang.) Das Zimmer Oscar Wildes (Nr. 16) wurde sorgfältig konserviert. Es enthält mehrere von ihm benutzte Möbel, darunter seinen Schreibtisch, und einige Autographen. Die Zeiten, in denen man dort »über seine Verhältnisse« leben und sterben konnte, sind allerdings längst vorbei.

SECHSTER SPAZIERGANG

ZWISCHEN SÜHNEKAPELLE UND INVALIDENDOM

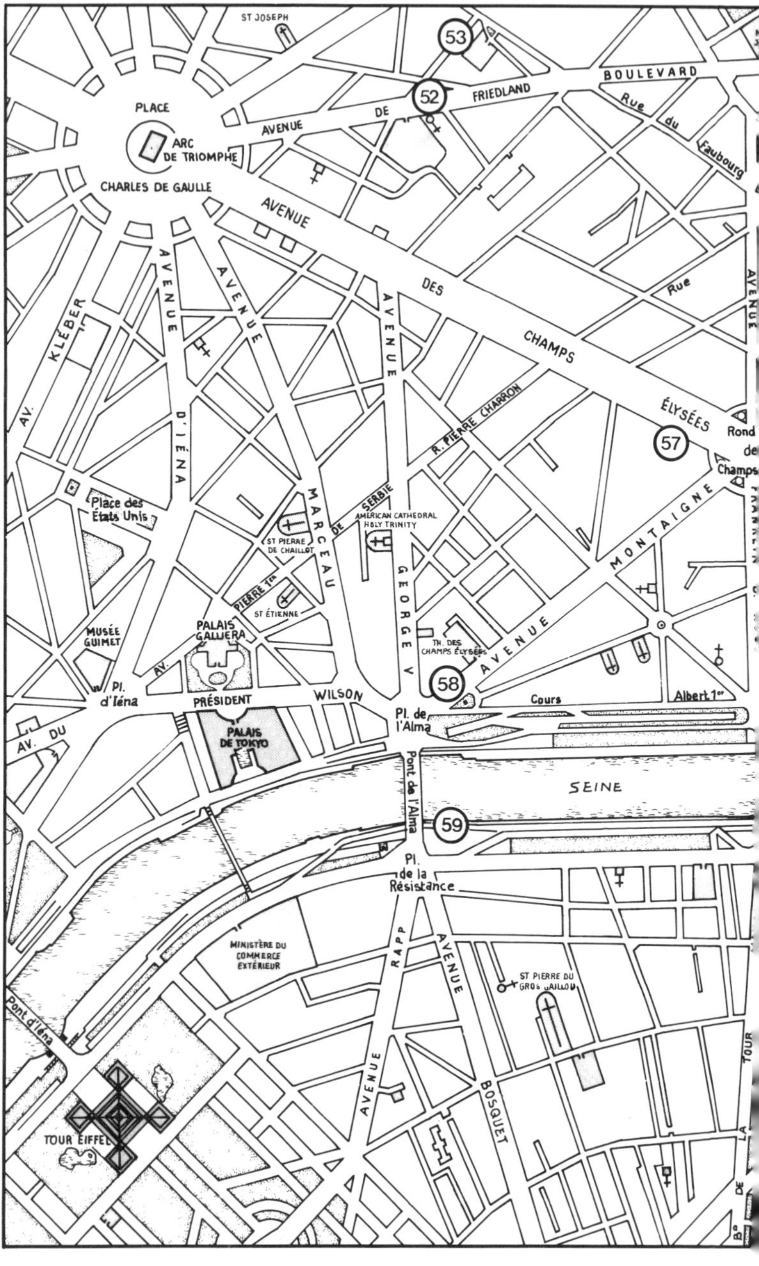
ST JOSEPH
53
52
BOULEVARD
FRIEDLAND
AVENUE DE
PLACE
ARC DE TRIOMPHE
CHARLES DE GAULLE
Rue du Faubourg
AVENUE DES CHAMPS ÉLYSÉES
AVENUE KLÉBER
AV.
AVENUE D'IÉNA
AVENUE MARCEAU
AVENUE GEORGE V
Rue
R. PIERRE CHARRON
57
Rond de Champs
Place des États Unis
DE SERBIE
AMERICAN CATHEDRAL HOLY TRINITY
ST PIERRE DE CHAILLOT
PIERRE 1er
ST ÉTIENNE
AVENUE MONTAIGNE
PALAIS GALLIERA
MUSÉE GUIMET
TH. DES CHAMPS ÉLYSÉES
58
Pl. d'Iéna
AV. PRÉSIDENT WILSON
Cours Albert 1er
Pl. de l'Alma
AV. DU
PALAIS DE TOKYO
Pont de l'Alma
SEINE
59
Pl. de la Résistance
MINISTÈRE DU COMMERCE EXTÉRIEUR
AVENUE RAPP
AVENUE BOSQUET
ST PIERRE DU GROS CAILLOU
Pont d'Iéna
TOUR EIFFEL
Bd DE LA TOUR

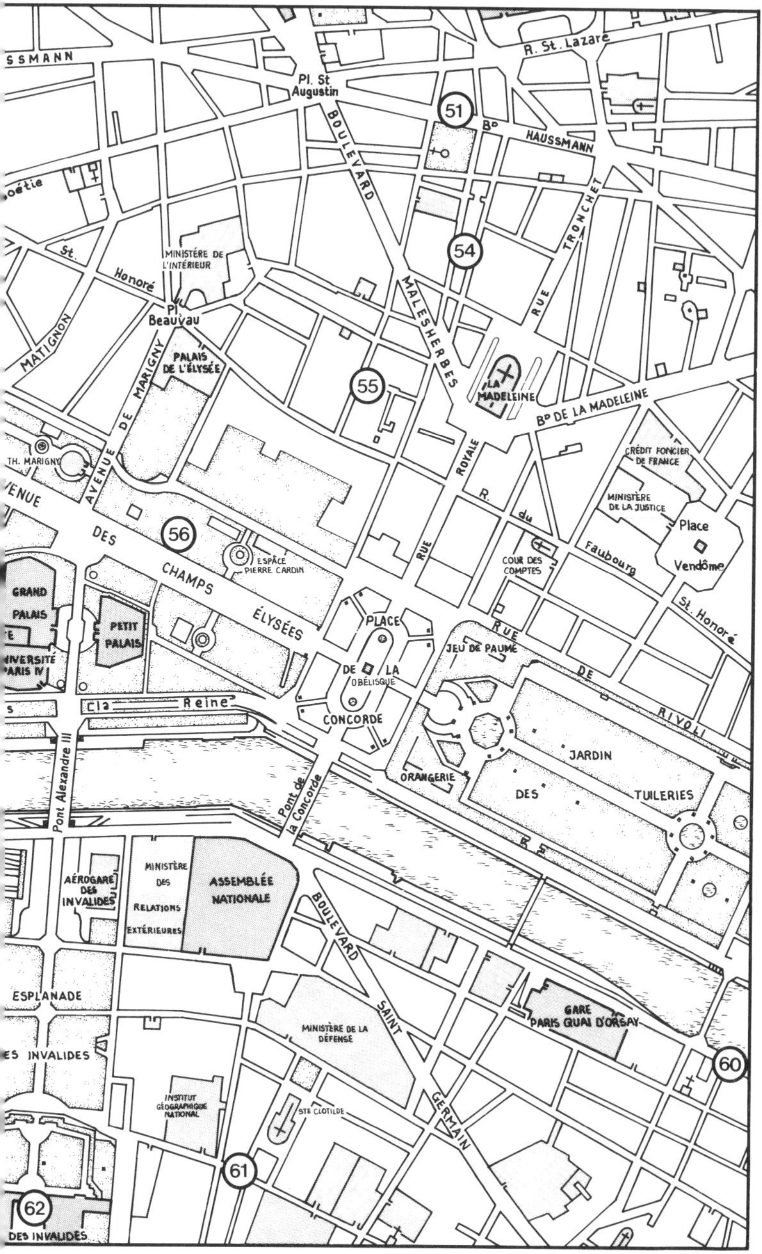

SSMANN
R. St. Lazare
Pl. St Augustin
51
Bd HAUSSMANN
BOULEVARD
MALESHERBES
oétie
St. Honoré
MINISTÈRE DE L'INTÉRIEUR
54
RUE TRONCHET
Pl Beauvau
MATIGNON
PALAIS DE L'ÉLYSÉE
AVENUE DE MARIGNY
55
LA MADELEINE
Bd DE LA MADELEINE
RUE ROYALE
TH. MARIGNY
CRÉDIT FONCIER DE FRANCE
MINISTÈRE DE LA JUSTICE
R. du Faubourg St. Honoré
Place Vendôme
AVENUE DES CHAMPS ÉLYSÉES
56
ESPACE PIERRE CARDIN
COUR DES COMPTES
GRAND PALAIS
PETIT PALAIS
UNIVERSITÉ PARIS IV
PLACE DE LA CONCORDE
OBÉLISQUE
JEU DE PAUME
RUE DE RIVOLI
Cla Reine
ORANGERIE
JARDIN DES TUILERIES
Pont Alexandre III
Pont de la Concorde
AÉROGARE DES INVALIDES
MINISTÈRE DES RELATIONS EXTÉRIEURES
ASSEMBLÉE NATIONALE
BOULEVARD SAINT GERMAIN
ESPLANADE DES INVALIDES
MINISTÈRE DE LA DÉFENSE
GARE PARIS QUAI D'ORSAY
60
INSTITUT GÉOGRAPHIQUE NATIONAL
STE CLOTILDE
61
62
DES INVALIDES

Was geschieht eigentlich mit den Leichen guillotinierter Verbrecher? Seit der Jahrhundertwende werden sie an einem geheimgehaltenen Ort auf dem Friedhof von Ivry-sur-Seine südlich von Paris bestattet. Die Diskretion geht sogar so weit, daß die Friedhofswärter schlankweg leugnen, von diesen Beerdigungen auch nur etwas zu wissen.

Zur Zeit des jakobinischen Terrors waren es vor allem drei Friedhöfe, die die Hingerichteten aufnahmen: Picpus, Errancis und Madeleine. Auf dem Cimetière de la Madeleine hatten bereits die 133 Menschen ihre letzte Ruhestätte gefunden, die bei dem großen Feuerwerk auf der Place de la Concorde – die damals noch »Place Louis XV« hieß – anläßlich der Hochzeit Ludwigs XVI. mit Marie Antoinette zertrampelt worden waren. Am 21. Januar 1793 folgte der Souverän seinen Untertanen nach: Auf einer offenen Bahre wurde der Leichnam des »Bürgers Capet«, den Kopf zwischen den Kniekehlen, zum Madeleine-Friedhof geschafft und dort ohne Umstände verscharrt. Auch Marie Antoinette, Charlotte Corday, Madame Dubarry und gut 1300 weitere Opfer der Guillotine liegen hier begraben.

1802 wurde das Friedhofsgelände von einem Anlieger gekauft. Dieser, ein gewisser Desclozeaux, hatte von seinem Fenster aus die Beerdigung des Königspaars beobachtet. Nach der Rückkehr der Bourbonen auf den Thron konnte er daher die beiden Stellen genau bezeichnen. Auch fand man ein halbvermodertes Strumpfband, das als Marie Antoinette gehörig agnosziert wurde. Die Überreste wurden ausgegraben und am 21. Januar 1815, dem Jahrestag der Hinrichtung des Monarchen, feierlich in die königliche Grablege nach St. Denis überführt. Ob dort nun wirklich die Gebeine Ludwigs XVI. ruhen, ist allerdings bis heute zweifelhaft geblieben. Barras behauptet in seinen Erinnerungen, was man exhumiert habe, seien in Wahrheit die Knochen des Jakobiners Hanriot gewesen, eines der wenigen waschechten Proletarier, die während der Revolution eine maßgebende Rolle

Königin Marie-Antoinette klammert sich verzweifelt an die Religion (Chapelle Expiatoire)

spielten. Wenn das stimmt, wäre es keine üble Pointe.
An der Stelle des Madeleine-Friedhofs wurde – vor allem auf Betreiben der Herzogin von Angoulême, der Tochter Ludwigs XVI., die als einziges Mitglied der königlichen Familie die Gefangenschaft im Tempel überlebt hatte – die *Chapelle Expiatoire* (51) errichtet, eine Sühnekapelle, die die Pariser für alle Zeiten an ihre historische Schuld erinnern sollte. Sie besteht, da man die übrigen Toten nicht mehr identifizieren konnte, aus zwei Reihen von je neun Kenotaphen im Stil einer antiken Nekropole. Die Kapelle selbst wird von zwei Marmorgruppen beherrscht: Rechts steht Ludwig XVI. mit verklärtem Antlitz; ein Engel weist ihm den Weg ins Paradies. Links klammert sich Marie Antoinette hilfesuchend an eine Dame, die die Religion vorstellt. Die Dame trägt die Züge von Madame Elisabeth, der Schwester des Königs; der Engel die des Abbé Edgeworth, der Ludwig XVI. auf dem Weg zum Schafott geistlichen Trost spendete. Der schlichte Altar in der Krypta steht genau an der Stelle, wo man den König fand. Sonderlich zu Herzen genommen haben sich die Pariser diese Stein gewordene Anklage allerdings nicht: Die Chapelle Expiatoire gehört zu den unbekanntesten Sehenswürdigkeiten der französischen Hauptstadt.
Einen Sturm der Entrüstung löste dagegen das *Balzac-Denkmal* aus, das jedem Paris-Besucher aus dem Rodin-Museum geläufig ist. (Gourmets, die ihr Geld lieber den Freuden des Gaumens als des Auges opfern, können das Denkmal kostenlos in der dem Museum zunächst gelegenen Métro-Station »Varenne« oder an der Ecke Boulevard Raspail/Boulevard Montparnasse bewundern.) Rodin hatte sich nach jahrelangen Vorarbeiten dazu entschlossen, den Dichter nicht im Straßenanzug, sondern im Morgenrock abzubilden: »Ich wollte den von Schulden gepeinigten, schlaflosen Vielschreiber zeigen, wie er sich nachts aus dem Bett erhebt, um einen Gedanken zu Papier zu bringen.« Als

er das Gipsmodell 1898 im Salon ausstellte, reagierten Öffentlichkeit und Presse heftig: »Mit Erstaunen hört man«, höhnte die Zeitschrift »Illustration«, »daß der Bildhauer drei Jahre darauf verwendet hat, den Schneider Balzacs ausfindig zu machen. Trug der Autor der ›Comédie humaine‹ denn wirklich einen Kohlensack?« Die »Sociétié des gens de lettres«, die das Denkmal bestellt hatte, wies den Entwurf zurück und gab den Auftrag an Alexandre Falguière weiter. Dessen gediegene, aber ganz und gar konventionelle Arbeit wurde am 22. November 1902 an der Kreu-

Das unbekannte Balzac-Denkmal

zung Avenue Friedland/Rue Balzac enthüllt (52) – in unmittelbarer Nähe des Hauses, wo der Dichter seine letzten Lebensjahre verbrachte und wo er 1850 gestorben ist (Gedenktafel). Rodin ließ es sich nicht nehmen, der Zeremonie beizuwohnen. Noch 37 Jahre sollte es dauern, bis sein eigener Entwurf für würdig befunden wurde, Paris zu verschönern: Das bereits erwähnte Denkmal am Boulevard Montparnasse wurde am 1. Juli 1939 aufgestellt.

Balzacs Sterbehaus existiert nicht mehr. Das Areal gehört heute zum Park der *Villa Rothschild,* 11 Rue Berryer (53), wo seit den zwanziger Jahren Veranstaltungen der verschiedensten Art stattfinden. Am 6. Mai 1932 wurde hier der Präsident der Republik, Paul Doumer, während der Eröffnung einer Buchausstellung von einem russischen Anarchisten namens Gorguloff erschossen. Die Motive des Attentats konnten – ähnlich wie bei der Ermordung der Kennedy-Brüder – nie geklärt werden: Kommunisten und russische Emigranten bezichtigen sich gegenseitig, Gorguloff als Werkzeug benutzt zu haben. Beim Täter fand man ein Manifest mit dem Titel »Das grüne Programm«, in dem er dazu aufrief, das bolschewistische Regime durch die »grüne Diktatur« einer allrussischen Bauernpartei abzulösen. Im übrigen stellte sich heraus, daß er bereits früher Anschläge auf Lenin und Hindenburg vorbereitet hatte. Trotz seiner offenbaren Geistesverwirrung wurde Gorguloff zum Tode verurteilt und auf dem Boulevard Arago hingerichtet. Die Hinrichtung machte einige Mühe, da der gewaltige Hals des Delinquenten nicht in die Lünette der Guillotine paßte, so daß Anatole Deibler, der damals amtierende Scharfrichter, seine ganze Geschicklichkeit aufbieten mußte, um das Urteil vorschriftsmäßig zu vollstrecken. Noch heute kann man in der Villa Rothschild, und zwar in einer Vitrine am Fuß des Treppenhauses, die Fensterscheibe besichtigen, durch die die tödliche Kugel, nachdem sie die Brust des Präsidenten durchschlagen hatte, ihren Weg ins Freie fand.

Doch zurück zur Sühnekapelle. Ein paar Schritte weiter südlich, 11 Rue de l'Arcade, wirbt das etwas heruntergekommene Hotel Marigny (54) mit »modernem Komfort« und einem ausdrücklichen Hinweis auf seinen Lift um Gäste. Während des Ersten Weltkriegs betrieb hier Albert Le Cuziat, ein ehemaliger Diener beim Fürsten Radziwill, ein

Die Ermordung des Präsidenten Doumer durch den russischen Anarchisten Gorguloff (Zeichnung eines Augenzeugen)

Knabenbordell, das *Marcel Proust* gern und häufig besuchte. In seinem Monumentalwerk »A la recherche du temps perdu« hat er Le Cuziat als kupplerischen Schneider Jupien literarisch verewigt. Ein anderer Habitué war der stadtbekannte Dandy Graf Robert de Montesquiou, der im Park von Versailles Kostümfeste veranstaltete, wobei er einmal als Ludwig XV., einmal als Marie Antoinette auftrat; im Roman begegnet er uns als »Baron de Charlus«. Als Proust 1918 das geräumige Haus seiner Tante am Boulevard Haussmann verlassen mußte und ein kleineres Appartement in der Rue Hamelin bezog, machte er seine nicht mehr benötigten Möbel dem Bordell zum Geschenk.
Das Vorbild für die geistreiche und vornehme Herzogin von Guermantes fand Proust in der Gräfin Adhéaume de Chévigné, geb. de Sade, die in ihrem Salon, 10 Rue d'Anjou

Adhéaume de Chévigné, geb. de Sade, das Vorbild für Prousts Herzogin von Guermantes

(55), die intellektuelle Elite der Hauptstadt um sich zu versammeln pflegte. Ihre Tochter Marie-Thérèse hatte sie mit dem Sohn eines steinreichen Bankiers verheiratet; um die Ehe zustande zu bringen, so munkelte man, sei sich die schöne Gräfin nicht zu schade gewesen, dem Vater des Bräutigams ein persönliches Opfer zu bringen. Im gleichen Haus wohnte Jean Cocteau mit seiner Mutter; hier begann seine stürmische, wenn auch kurze Affäre mit Raymond Radiguet. Um die Bekanntschaft der Gräfin zu machen, paßte er sie auf der Treppe ab und gab ihrem Spitz einen Kuß auf die Schnauze. Die Gräfin rief entsetzt: »Passen Sie auf, Sie werden ihm die Nase weiß machen mit Ihrem Reispulver!« Aber die List hatte gewirkt: Von nun an wurde Cocteau zu ihren Soireen eingeladen.

Eine der ergreifendsten Szenen in Prousts Romanzyklus ist die Schilderung des Schlaganfalls, den die Großmutter des Erzählers auf den Champs-Elysées erleidet. Um ihn vor ihrem Enkel zu verbergen, flüchtet sie in die *Bedürfnisanstalt* gegenüber dem Restaurant »Ledoyen« (56). Der Erzähler beobachtet unterdessen, wie die Klofrau – sie trägt den Spitznamen »la Marquise« – eine Kundin zurückweist, die dem Rang ihres Etablissements nicht angemessen scheint: »Es ist nichts frei, Madame. – Wird es lange dauern? fragte die arme Person mit rotem Gesicht unter einem gelben Blumenhut. – Madame, ich rate Ihnen, woanders hinzugehen. Sie sehen ja, diese beiden Herren warten schon (dabei zeigte sie auf mich und den Parkwächter), und ich habe nur eine Kabine, die andern werden repariert... Bei solchen Leuten zahlt es sich nicht aus, sagte die Marquise. So etwas gehört einfach nicht hierher, da gibt es keine Sauberkeit, keine Rücksichtnahme, ich hätte nachher eine Stunde putzen müssen...«

Wie die Pissoirs (S. 50 ff.) sterben leider auch die Bedürfnisanstalten langsam aus. Um so erfreulicher, daß sich jedenfalls das literarisch bedeutendste »chalet de nécessité« bis in

In dieser Bedürfnisanstalt an den Champs-Elysées erleidet die Großmutter des Erzählers der »Recherche du temps perdu« ihren Schlaganfall

unsere Tage erhalten hat; kein Proust-Verehrer wird sich den Besuch entgehen lassen. Auch das Häuschen auf der Place de Clichy, wo Henry Miller regelmäßig einkehrte, existiert noch. Der Waschraum auf der Gare de l'Est (gegenüber Bahnsteig 21) ist so populär, daß sich telefonische Voranmeldung empfiehlt.

Als Vorbild für die ehrbar gewordene Halbweltdame Odette de Crécy wählte Proust die Geliebte seines Großonkels, Louise Hayman. Daß eine Kokotte von der guten Gesellschaft akzeptiert wird, war nach den prüden Moralgesetzen des Zweiten Kaiserreichs nahezu ausgeschlossen. Die sprichwörtliche Ausnahme von der Regel war die *Paiva*: In ihrem Luxuspalast, 25 Avenue des Champs-Elysées (57), drängten sich die großen Namen Frankreichs zu glanzvollen Empfängen. Sie hatte das Palais genau dort bauen lassen, wo sie Jahre zuvor von einem Polizisten, der an ihrem aufreizenden Gang Anstoß nahm, zu Boden geworfen worden war.

Kleiner Sprachführer für die Benutzung öffentlicher Bedürfnisanstalten

(nach: Jonathan Routh,
Guide Porcelaine to the Loos of Paris, London 1966)

Zeigen Sie mir den Weg zur nächsten Bedürfnisanstalt, aber bitte möglichst unauffällig.	*Donnez-moi des instructions simples pour atteindre le chalet de nécessité le plus près d'ici, mais, s'il vous plaît, sans gesticulations sauvages et tumultueuses.*
Ich hätte gern eine ruhige Toilette. Mein Freund möchte nur das Pissoir benutzen.	*Madame, j'ai besoin d'un cabinet tranquille. Mon camarade a besoin seulement de l'urinoir.**
Diese Toilette gefällt mir nicht. Zeigen Sie mir eine andere (eine billigere, eine mit Blick auf den Hof).	*Je n'aime pas ce cabinet. Montrez-moi un autre (un cabinet moins cher, un cabinet sur la cour).*
Ich hätte gern ein größeres Stück Seife (ein sauberes Handtuch, Gummistiefel).	*J'aimerais un plus gros morceau de savon (un essuie-main propre, des bottes de caoutchouc).*
Hilfe! Ich bin eingeschlossen (ich ertrinke).	*Au secours! Je suis enfermé (submergé).*
Das ist für Sie.	*C'est pour vous.*

*Vermeiden Sie das Wort »pissoir«: In französischen Ohren klingt es belgisch oder franko-kanadisch.

La Paiva, eine der großen Kokotten des 19. Jahrhunderts

Geboren wurde diese erstaunliche Frau, die eigentlich Esther Lachmann hieß, als Tochter eines jüdischen Webers in Moskau. Nach kurzer Ehe mit einem Schneider erkannte sie, daß sie für ein Leben in Armut nicht geschaffen war. Sie beschloß, aus ihrer Schönheit Kapital zu schlagen, und lebte fortan in Begleitung wohlhabender älterer Herren in Konstantinopel, Wien und Berlin. Der Klaviervirtuose Henri Herz brachte sie schließlich nach Paris. Hier heiratete sie 1851 den portugiesischen Marquis de Paiva, dessen Vermögen sich den Ansprüchen seiner Frau jedoch in keiner Weise gewachsen zeigte. Als sich daher einer der reichsten Männer Deutschlands, Graf Henckel von Donnersmarck, in sie verliebte, wandte sie ihm ohne Zögern ihre Gunst zu. Der Marquis de Paiva zog die Konsequenzen: Nachdem er seine Gläubiger noch mit einem üppigen Mahl traktiert hatte, nahm er sich das Leben.

Seine Witwe wurde nun Gräfin Henckel von Donnersmarck. Als deutsche Truppen am 1. März 1871 die Champs-

Elysées heruntermarschierten, war ihr Haus als einziges festlich erleuchtet. Diese nationale Demonstration haben ihr die Franzosen niemals verziehen: Fortan galt sie als feindliche Ausländerin; ihre Soireen wurden gemieden. 1875 zog sich das Ehepaar auf seine schlesischen Besitzungen zurück.

Im Jahre 1901 wurde das Palais vom Travellers Club erworben. Wem es gelingt, sich von einem Mitglied zum Essen einladen zu lassen, sollte darauf bestehen, daß man es im Badezimmer der Paiva zu sich nimmt: Die Gelegenheit, im Bad einer großen Kurtisane zu dinieren, bietet sich auch verwöhnten Reisenden nicht oft. Zu den Speisesälen führt eine Wendeltreppe aus purem Onyx mit einem bemerkenswerten Porträtmedaillon der Hausherrin selbst – nackt, wie Gott sie schuf.

Eine zweite, nicht minder bemerkenswerte »Gräfin« ist Aurélie, die *»Irre von Chaillot«*. Jean Giraudoux hat den ersten Akt seiner köstlichen Komödie in der Brasserie »Chez Francis« an der Place de l'Alma (58) angesiedelt, die es immer noch gibt. Hier pflegt seine Heldin, die Paris vor der Zerstörung durch finstere Ölspekulanten rettet, jeden Morgen dieselbe Zeitung zu lesen, nämlich den »Gaulois« vom 7. Oktober 1896. Hier führt sie tiefsinnige Gespräche mit Lumpensammlern und Kloakenreinigern: »Der Unrat, der auf Ihren Abwässern schwimmt, enthält nichts, wofür ich verantwortlich wäre. Ich verbrenne sogar meine abgeschnittenen Nägel. Nie werden Sie mich dabei ertappen (wie ich einen Staatsrat ertappt habe), daß ich ein schmutziges Papier in einen Ihrer Gullys werfe. Ich werfe nur meine Blumen hinein, und auch die nur, solange sie noch nicht ganz verblüht sind. Wenn Sie also heute morgen eine Nieswurz auf den Wassern Ihres Kanals treiben sahen, so habe ich guten Grund anzunehmen, daß es die meine gewesen ist.«

Wer sich vom Zustand der Pariser *Abwässer* ein Bild machen will, braucht nur die Brücke zu überqueren. (Nicht

Ein Blick in die Pariser Kanalisationsanlagen

vergessen, eine Münze auf den Kopf des Zuaven zu werfen, der bei Überschwemmungen den Wasserstand anzeigt: 1901 stieg die Seine bis an sein Kinn!) Galten die – inzwischen abgerissenen – Hallen als »Bauch von Paris«, so können die »Egouts« (59) mit gutem Recht als Darm der französischen Hauptstadt bezeichnet werden. Anders als in Wien, wo sich – wie wir aus dem Film »Der dritte Mann« wissen – Rauschgifthändler in den Kanalisationsanlagen herumtreiben, können sie in Paris ganz legal besichtigt werden, und zwar montags, mittwochs und am letzten Samstag jeden Monats von 14 bis 17 Uhr, ausgenommen nach schweren Regenfällen. Der Besuch dauert etwa eine dreiviertel Stunde. In einem kleinen Museum werden die Geschichte der Pariser Kanalisation und das Berufsrisiko der gut 800 »égoutiers« anhand von Bildern und Dokumenten dargestellt. Nach einem kurzen Film führt dann ein Spaziergang zu einigen Schächten, auf deren trüben Fluten alles mögliche, nur keine Nieswurz, dahintreibt.
Wenn wir von hier aus weiter flußaufwärts gehen, so kommen wir über den Quai d'Orsay und den Quai Anatole France schließlich zum Quai Voltaire. Der Namenspatron

dieser Uferstraße starb im Haus Nr. 27 (Gedenktafel, (60)); der Sessel, auf dem ihn der Tod ereilte, ist im Musée Carnavalet ausgestellt (S. 55). Das Restaurant »Le Voltaire« im gleichen Haus war das Stammlokal von *Henry de Montherlant;* jeden Mittag aß er im zweiten Gastraum am Tisch hinten links. Am 21. September 1972 beging er, da er befürchtete, vollständig zu erblinden, Selbstmord. Vorher nahm er in aller Ruhe sein Déjeuner ein. Als ihm der Kellner wie üblich nach dem Dessert einen koffeinfreien Kaffee brachte, wies er ihn zurück: »Heute nehme ich einen richtigen.« In seinem Testament hatte er angeordnet, seine

Die große Tragödin Adrienne Lecouvreur wurde durch einen Blumenstrauß vergiftet und an einer Straßenecke verscharrt

Asche – wie dies auch Celestino Marcilla, der Held seines Romans »Das Chaos und die Nacht« wünschte – in den Mülleimer zu werfen. Sein Adoptivsohn verstreute sie statt dessen auf dem Forum Romanum.

Daß man Voltaires Leichnam, damit er nicht auf dem Schindanger verscharrt werde, aus dem Hause schmuggeln mußte, haben wir schon erwähnt. Ein ähnliches Schicksal widerfuhr der Schauspielerin *Adrienne Lecouvreur:* Auch ihr hatte die Kirche, als sie 1730 starb, wegen ihres »unehrlichen Gewerbes« ein christliches Begräbnis versagt. Eine Rivalin um die Gunst des Marschalls von Sachsen, die Fürstin von Bouillon, hatte sie mit einem vergifteten Blumenstrauß umgebracht. Der Marschall begrub sie heimlich auf der Baustelle des Hôtel de Saumery, 115 Rue de Grenelle/Ecke Rue de Bourgogne (61). Fünfzig Jahre später ließ einer ihrer ehemaligen Verehrer, der uralte Graf Ferriol d'Argental, im Hauseingang eine Gedenktafel anbringen, auf der die »durch Geist und Herz gleichermaßen liebenswerte Schauspielerin« als »Talent von erhabener Einfachheit« gefeiert wird.

Der Marschall von Sachsen war der berühmteste französische Feldherr des 18. Jahrhunderts. Um so erstaunlicher, daß das *Armeemuseum* im Hôtel des Invalides (62) keinerlei persönliche Erinnerungen an ihn besitzt. Vergeblich suchen wir hier ein Gegenstück zu der Kanonenkugel, die seinen großen Vorgänger Turenne tödlich verwundete, oder zu der Figur des Marschalls Joffre, die ein Poilu im Schützengraben aus Brotkrumen anfertigte. Auf dem Kolossalgemälde des Sieges bei Fontenoy – seiner bedeutendsten militärischen Leistung, für die ihm der dankbare König das Schloß Chambord schenkte – ist zwar seine Karosse, nicht aber er selbst abgebildet.

Wem die Geduld fehlt, die immensen Sammlungen des Armeemuseums zu besichtigen (die Eintrittskarte gilt vorsichtshalber für zwei Tage), sollte sich jedenfalls die

Erinnerungsstücke aus der napoleonischen Zeit im Ostflügel ansehen. In der »Salle Consulat« finden wir die Uniform des großen Korsen, die er in der Schlacht von Marengo trug – sein Zweispitz stammt laut Etikett aus dem »Temple du Goût« –, und ein Schwert, das ihm arabische Scheiche während seines Ägypten-Feldzugs dedizierten, mit der Inschrift: »Du vernichtest deine Feinde und beschützest die Gottesfürchtigen«. In der gegenüberliegenden »Salle Boulogne« verdient vor allem das Zelt mit Feldbett, Klapptisch und einer Karte von Deutschland Beachtung, von dem aus er die Rückzugsgefechte der Jahre 1813/14 leitete. Prunkstück der »Salle Eylau« ist Napoleons ausgestopfter Schimmel »Vizir«, ein Geschenk des Sultans Machmud II.; über dem linken Hinterfuß ist ein N mit einer Krone eingebrannt. Im Flur dahinter steht eine Vitrine »Service de Santé« mit

»Vizir«, der Schimmel Napoleons

dem berühmten Holzbein des Generals Daumesnil; das Original hatte er bei Wagram verloren. Zum Kommandanten von Vincennes (S. 186) ernannt, weigerte er sich beim Heranrücken der Alliierten zu kapitulieren; er werde, ließ er den Belagerern bestellen, die Festung nur dann übergeben, wenn man ihm sein Bein zurückerstatte.
Auf einer Sitzung des Kronrats im Januar 1808 hatte Napoleon seinen ehemaligen Außenminister Talleyrand, der sich der bonapartistischen Expansionspolitik offen widersetzte, »einen Haufen Scheiße in seidenen Strümpfen« genannt. Wie es mit seinen eigenen Strümpfen und mit seiner Unterwäsche bestellt ist, darüber können wir uns in der »Salle Restauration« ein genaues Bild machen. Hier hat man das Schlafzimmer des Verbannten in allen Einzelheiten rekonstruiert. Auch eine seiner drei Totenmasken ist hier ausgestellt. Die zweite befindet sich im Rastatter Schloß, die dritte in Privatbesitz (Öffnungszeiten: täglich 10–17 Uhr, im Sommer bis 18 Uhr).

SIEBTER SPAZIERGANG

DER FEINE WESTEN

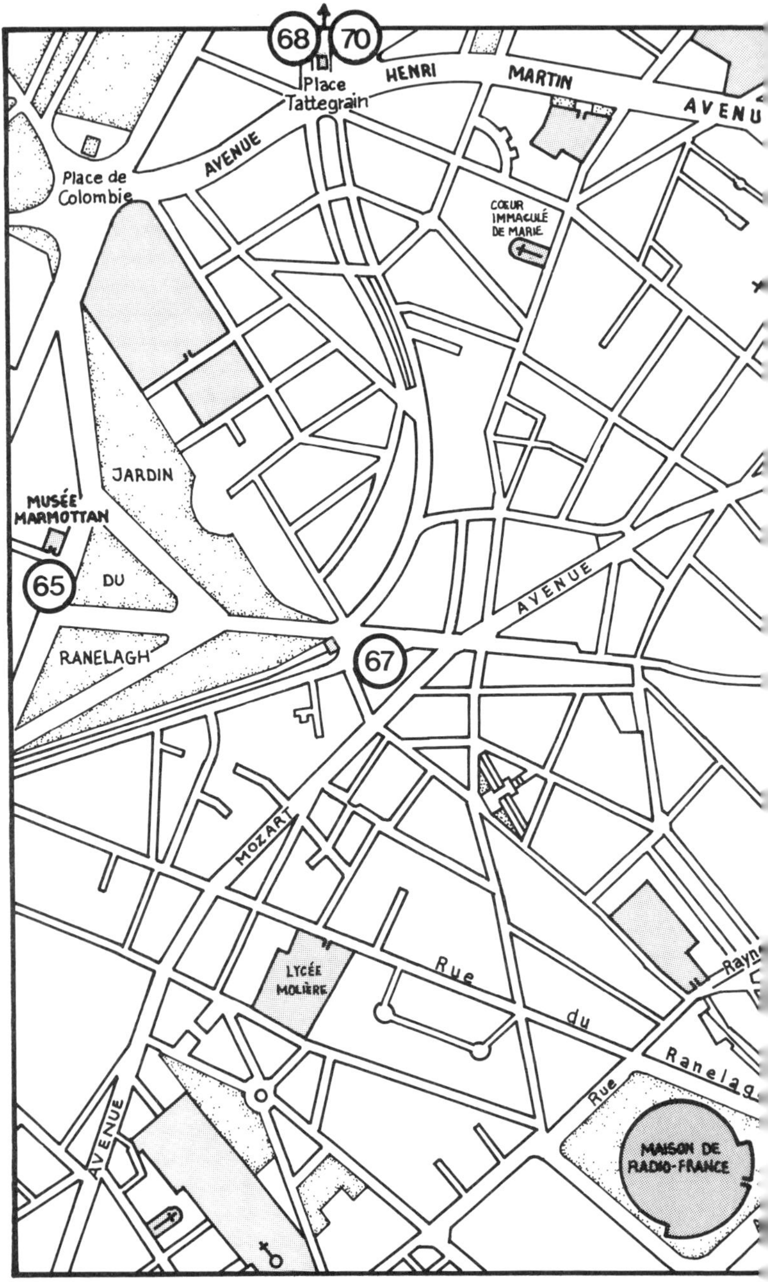
68
70
Place
Tattegrain
HENRI
MARTIN
AVENU
AVENUE
Place de
Colombie
CŒUR
IMMACULÉ
DE MARIE
JARDIN
MUSÉE
MARMOTTAN
65
DU
RANELAGH
AVENUE
67
MOZART
LYCÉE
MOLIÈRE
Rue
du
Ranelag
Rayn
Rue
AVENUE
MAISON DE
RADIO-FRANCE

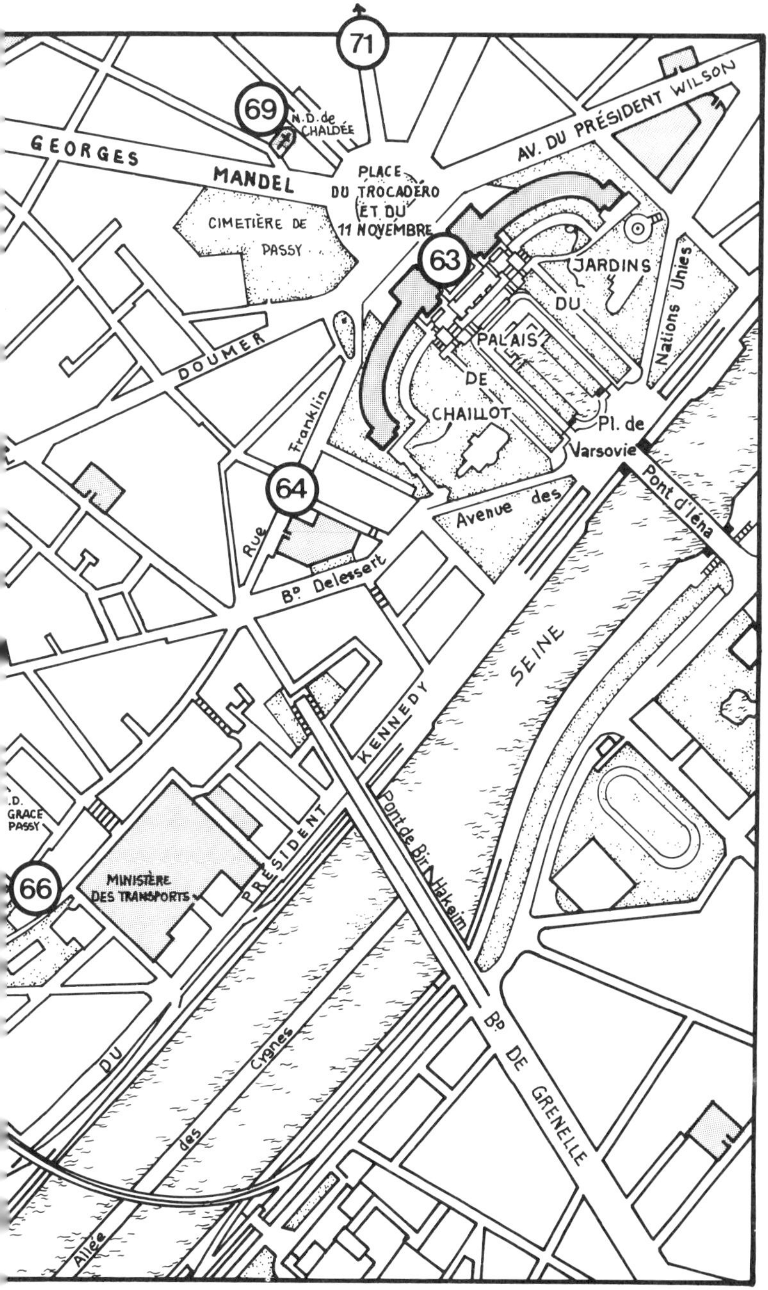

71
69
N.D. de CHALDÉE
GEORGES
MANDEL
PLACE DU TROCADÉRO ET DU 11 NOVEMBRE
AV. DU PRÉSIDENT WILSON
CIMETIÈRE DE PASSY
63
JARDINS
DU
PALAIS
DE
CHAILLOT
Nations Unies
DOUMER
Rue
Franklin
64
Pl. de Varsovie
Pont d'Iéna
Avenue des
Bd Delessert
SEINE
KENNEDY
PRÉSIDENT
Pont de Bir Hakeim
N.D. GRACE PASSY
66
MINISTÈRE DES TRANSPORTS
DU
Cygnes
des
Allée
Bd DE GRENELLE

Das 16. Arrondissement, ein ruhiges Wohnviertel mit vornehmen Alleen und eleganten Einkaufsstraßen, gehört gewiß nicht zu den Gegenden, wohin es die Touristen drängt. Und doch gibt es hier ein paar Museen, die sich der fortgeschrittene Paris-Besucher keinesfalls entgehen lassen sollte. Allein das Palais de Chaillot (63) beherbergt nicht weniger als vier verschiedene Sammlungen: das Musée de l'Homme, das Musée de la Marine, das Musée des Monuments français und das *Musée du Cinéma* (Führungen täglich außer montags 9:30–11:30 und 14:30–16:30 Uhr). Dieses in seiner Art einmalige Museum illustriert anhand einer unendlichen Fülle von Ausstellungsstücken alle künstlerischen und technischen Aspekte der bald hundertjährigen Geschichte des Films. Nicht ohne Rührung betrachtet man die Dinosaurier der Kinematographie: die gute alte Laterna magica, das Phenakistiskop aus Goethes Todesjahr, das Zootrop von 1834, Edisons Kinetoskop und das Bioskop der Gebrüder Skladanowsky, aus dem sich schließlich unsere modernen Apparate entwickeln sollten. Die früheste, noch ziemlich verschwommene Fotografie von Nièpce – ein gedeckter Tisch aus dem Jahre 1822 – fehlt ebensowenig wie der Projektor, den die Gebrüder Lumière am 28. Dezember 1895 im Indischen Salon des »Grand Café« benutzten: Es war die erste öffentliche Kinovorstellung der Welt (Gedenktafel am Haus 14 Boulevard des Capucines). Einer der damals gezeigten Kurzfilme, »L'Arroseur arrosé«, wird während der Besichtigung vorgeführt. Kitsch-Liebhaber werden sich an den melodramatischen Plakaten aus der Stummfilmzeit ergötzen, Filmtheoretiker an den mit Regieanmerkungen übersäten Drehbüchern von de Sica, Antonioni und Truffaut. Wohl am eindrucksvollsten sind die Kostüme und Dekorationen aus berühmten Filmen, etwa das Hochzeitskleid, das Vivien Leigh als Scarlett O'Hara, oder das Büßerhemd, das Ingrid Bergman als heilige Johanna trug. Aus dem »Kabinett des Dr.

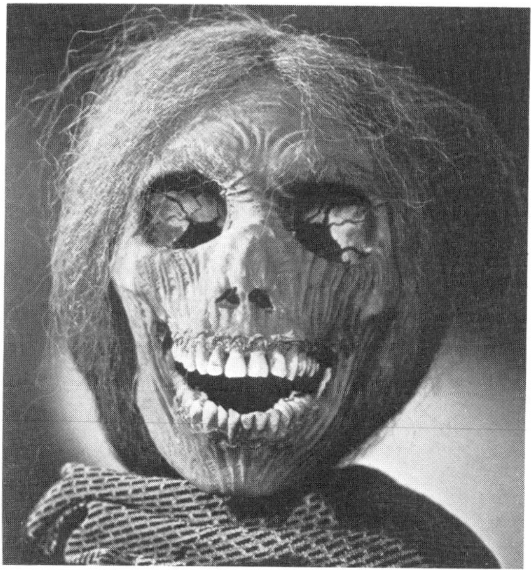

Eines der Prunkstücke des Filmmuseums: das Skelett der Mutter aus Hitchcocks »Psycho«

Caligari« ist eine ganze Straße ausgestellt, aus Murnaus »Nosferatu« ein düsterer Hafenwinkel und aus Hitchcocks »Psycho« die Mumie der toten Mutter, in deren Kleidern ihr verrückter Sohn (Anthony Perkins) seine Morde begeht. Wer echte Skelette künstlichen vorzieht, sollte einen Blick in das benachbarte »Musée de l'Homme« werfen. Unter Neandertalern, Heidelberg- und Java-Menschen findet er dort den *Schädel von Descartes,* in dem bekanntlich die tiefsinnige Erkenntnis »cogito ergo sum« (und nicht etwa umgekehrt) erstmals Gestalt annahm. Die übrigen Körperteile des Philosophen liegen in der Kirche St. Germain-des-Prés – oder wie es in einem 1941 erschienenen Stadtführer für deutsche Soldaten heißt: »Sankt Germanus auf den Wiesen« – begraben.

Nicht gerade den Schädel, wohl aber die Totenmaske und die berühmte Filzkappe des Hausherrn können wir im *Clemenceau-Museum,* 8 Rue Franklin (64), besichtigen (Öffnungszeiten: dienstags, donnerstags, samstags und sonntags 14–17 Uhr). Im Erdgeschoß des Hinterhauses verbrachte der »Tiger« die zweite Hälfte seines Lebens. Hier empfing er Emile Zola und bot ihm seine Zeitung »L'Aurore« für einen Leitartikel zur Dreyfus-Affäre an. Der Beitrag erschien am 13. Januar 1898 unter der effektvollen Überschrift »J'accuse« und gab dem Prozeß die entscheidende Wende. Die Originalausstattung ist vollzählig vorhanden; sie vermittelt nicht nur ein Bild von Clemenceaus Anspruchslosigkeit, sondern auch von der bürgerlichen Wohnkultur des ausgehenden 19. Jahrhunderts. Der Kalender in der Bibliothek (5000 Bände) zeigt noch immer seinen Todestag, den 24. November 1929, an.
In der Etage darüber, wo damals ein Dr. Renard prakti-

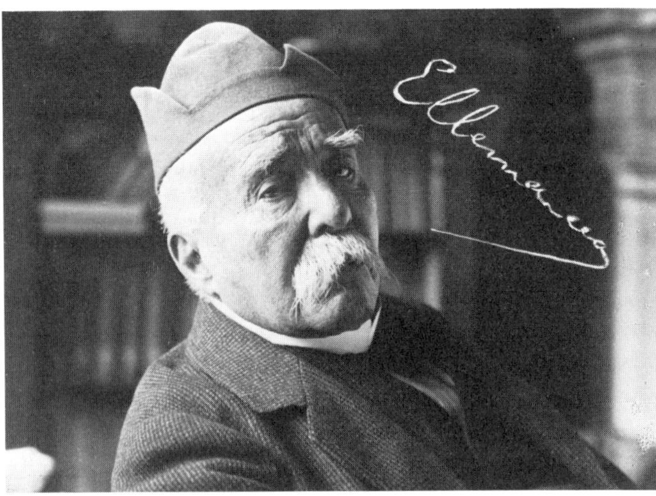

Clemenceau mit seiner berühmten Filzkappe

zierte, wird der Lebenslauf dieses bedeutenden, wenn auch leider vom Gedanken der Revanche gegenüber Deutschland beherrschten Politikers anhand von Gemälden, Fotos, Briefen und amtlichen Dokumenten festgehalten. Neben persönlichen Erinnerungen finden wir hier die zerschossene Scheibe des Autos, in dem er am 19. Februar 1919 mit knapper Not einem Attentat entging. Kurz darauf widerfuhr ihm das gleiche Schicksal wie Churchill nach dem Zweiten Weltkrieg: Nachdem man seiner unbeugsamen Energie nicht mehr bedurfte, wurde er abgehalftert und in die Wüste geschickt. Zwar noch Ziel nationaler Wallfahrten (wovon der von einem Kriegsblinden gefertigte Lederbeutel in den Farben der Trikolore zeugt, der mit Sand von seinem Grab gefüllt ist), gab er sich von nun an vor allem der Schriftstellerei hin, und zwar durchaus nicht nur über politische Gegenstände: Sein letztes Buch ist dem Spätwerk Claude Monets gewidmet, mit dem ihn seit der Zeit, da er Bürgermeister von Montmartre war, eine enge Freundschaft verband.

Claude Monets Landhaus und Atelier in Giverny ist seit kurzem für die Öffentlichkeit zugänglich. Wer sich für das Gemälde interessiert, das der von ihm vertretenen künstlerischen Richtung, dem Impressionismus, den Namen gab, findet es im *Musée Marmottan,* 2 Rue Louis Bouilly (65), (Öffnungszeiten: täglich außer montags 10–18 Uhr). Dieses Bild, das den Titel »Impression« trägt, stellt einen Sonnenaufgang in Le Havre dar. Es wurde erstmals 1874 im Atelier des Fotografen Nadar ausgestellt. Der Kritiker des »Charivari«, Louis Leroy, kommentierte es mit ironischen Bemerkungen und taufte Monet mit seinen gleichgesinnten Freunden »Impressionisten«.

Weniger Glück mit seinem Landhaus (in Ville d'Avray) hatte *Honoré de Balzac*: Im Spätherbst 1840 mußte es der wieder einmal bis über den Hals verschuldete Dichter räumen und zur Versteigerung freigeben. Er zog in das

Gartenhaus des – inzwischen abgerissenen – Anwesens 47 Rue Raynouard (66); für ein paar Monate wollte er hier in Ruhe arbeiten: »Bis Februar«, schrieb er seiner »fernen Geliebten«, der Gräfin Hanska, die er nach 18jähriger Brieffreundschaft kurz vor seinem Tode heiratete, »stehen drei Romane und ein Theaterstück auf dem Programm«. Statt dessen blieb er sechs Jahre; aus den drei Romanen wurden 25 Bände, darunter »Glanz und Elend der Kurtisanen«, »Tante Lisbeth« und »Vetter Pons«. Was ihn an dem bescheidenen Haus besonders anzog, war der Hinterausgang auf die Rue Berton (damals: Rue du Roc); durch ihn verschwand er, wenn sich ein Gläubiger durchaus nicht abweisen ließ. Um nicht aufgespürt zu werden, trat er obendrein unter dem Namen seiner Haushälterin, Brugnol, auf, mit der er ein Liebesverhältnis unterhielt.

Da über ihm mehrere Arbeiterfamilien mit schreienden Kindern wohnten, pflegte er nachts zu arbeiten. Friedrich Sieburg hat seinen exzentrischen Lebensstil anschaulich beschrieben:

»In eine Kutte aus weißer Wolle gekleidet, setzt sich der Dichter nach kurzem Schlaf um zwei Uhr morgens an seine Arbeit. Im Dorf ist alles ruhig, nur ein Hund bellt ab und zu, wenn irgendwo Schritte vorbeigehen. In der Ferne, in unbestimmtem Licht schläft Paris seinen leichten Schlaf. Balzacs Kopf ist leer, rasende Nervenschmerzen plagen ihn seit Tagen, sein Magen weigert sich, die übermäßigen Mengen Kaffee zu behalten. Vor ihm liegt das weiße Papier, er ist überzeugt, daß er nie wieder eine Zeile wird schreiben können, eine hilflose Verzweiflung kommt über ihn, er betrachtet die dunklen Wände, als seien sie Gefängnismauern, aus der Dämmerung glänzt ihm der Leib des Gekreuzigten entgegen, der, aus Holz geschnitzt, auf dunklem Samt hängt. Keine Gnade, keine Hilfe! Tausende von Leben, in früheren Bänden begonnen, fordern ungeduldig ihr Weiterleben, fordern Unsterblichkeit. Und Balzac neigt sich über

Lucien Chardon hängt tot in seiner Gefängniszelle

das Papier und ergreift die Feder. Sechs Stunden später – es ist längst Tag und die Kerzen sind erloschen – blickt er auf. Der Boden ist mit engbeschriebenen Manuskriptseiten bedeckt. Der schöne Lucien hängt tot am Fensterkreuz des Gefängnisses, Frau von Sérizy rast ›gleich einer vom wilden Winde dahingewehten Feder‹ durch die steinernen Korridore des Justizpalastes, um den geliebten Toten wieder zum Leben zu erwecken.
Der Dichter nimmt ein neues Blatt und schreibt: ›Mein lieber Engel, ich habe wieder die ganze Nacht gearbeitet. Meine Müdigkeit wird immer größer, mein Kopf will mir zerspringen. Doch keine Klagen! Noch sechs Bände, also in einem Jahr, und ich werde die Menschliche Komödie vollendet haben. Ja, Liebste, nach so viel Sorgen wird uns ein schönes Leben blühen . . .‹ Der Brief geht in die Ukraine, zu Frau von Hanska. Er siegelt ihn sorgfältig mit dem von ihm erfundenen Wappen. Dann stößt er die in den Garten führende Fenstertür auf, ruft seine Haushälterin: ›Schnell

ein Pfund Kirschen und dann ins Bett!‹ und tritt in den Garten, um sich an der Pumpe zu waschen.«
Von dem »schönen Leben«, das er erträumte, war er damals freilich weit entfernt. Da die standesgemäße Eleganz, zu der er sich berechtigt glaubte, seine Finanzkraft überstieg, begnügte er sich damit, Marmorverkleidungen, Simse und Kamine mit Kohle an die Wände zu zeichnen. Davon ist in dem Museum, das sich seit 1959 in dem Haus befindet, nichts mehr zu sehen (Öffnungszeiten: dienstags bis sonntags 10–17:45 Uhr). Erhalten sind dagegen seine extravaganten Schneiderrechnungen: Aus einer geht hervor, daß er

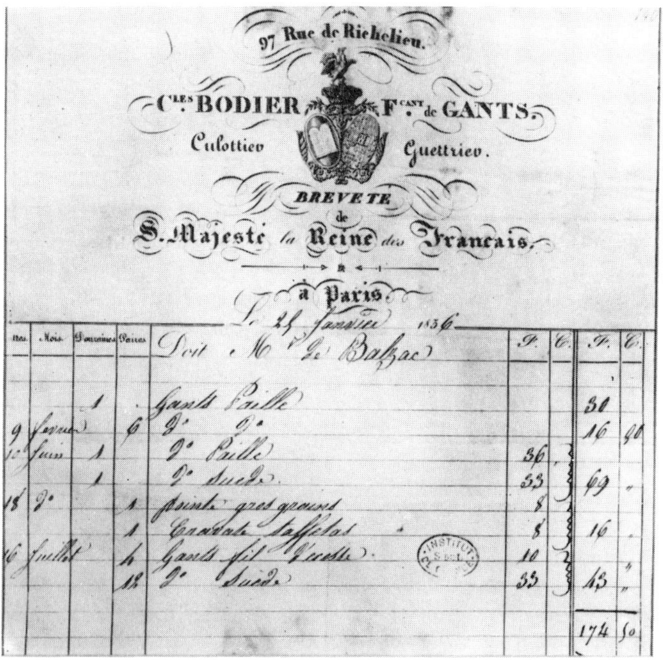

97 Rue de Richelieu.

Cles. BODIER Fcant. de GANTS.

Culottier Guêtrier.

BREVETÉ de S. Majesté la Reine des Français.

à Paris.

Le 24 Janvier 1836.

Jours	Mois	Douzaines	Paires	Doit Mr de Balzac	F.	C.	F.	C.
		1	.	Gants Paille			30	
9	fevrier		6	d° d°			16	90
10	Juin	1		d° Paille	36			
		1		d° Suède	33		69	"
18	d°		1	Pointe gros grain	8			
			1	Cravate taffetas	8		16	"
16	Juillet		4	Gants fil d'Ecosse	10			
			12	d° Suède	33		43	"
							174	50

Sechzig Paar Handschuhe bestellte Balzac im Lauf eines halben Jahres

innerhalb eines halben Jahres nicht weniger als sechzig Paar Handschuhe bestellte. Daneben zeugen Tintenfaß, Schreibzeug, Manuskripte, Korrekturabzüge, Erstausgaben, Bilder und persönliche Dokumente von seinem Leben und seiner Arbeit. Für Literaturhistoriker besonders aufschlußreich sind die Puppen, die er als Erinnerungsstützen benutzte, um sich bei der Konstruktion seiner komplizierten Romanabläufe nicht zu verheddern. Wer gestorben war, verschwand in einer Kiste.

Vom Balzac-Museum hat man einen schönen Blick auf die türkische Botschaft, 17 Rue d'Ankara. Ursprünglich das Palais der Prinzessin von Lamballe, Hofdame und Freundin Marie Antoinettes, die 1792 während der Septembermorde auf grauenvolle Weise zu Tode kam, wurde das Haus später von dem bekannten Nervenarzt Esprit Blanche erworben. 1846 verlegte er seine Anstalt auf dem Montmartre (S. 155) hierher. Am 7. Januar 1892 wurde der von progressiver Paralyse schwer gezeichnete *Guy de Maupassant* nach einem Selbstmordversuch in die Anstalt eingeliefert. Während seiner Spaziergänge im Park bohrte er mit dem Finger Löcher in die Erde und versuchte den Pfleger davon zu überzeugen, daß nach neun Monaten Kinder aus dem Boden sprießen würden. Am 6. Juli 1893 erlag der »Patient Nr. 15« seinem damals unheilbaren Leiden.

Wie ein anderes unheilbares, wenn auch nicht gerade lebensgefährliches Leiden zumindest gelindert werden kann, wird uns im Laden des Optikers Pierre Marly, 2 Avenue Mozart (67), ad oculos demonstriert. Dieser rührige Geschäftsmann hat neben dem Verkauf handelsüblicher Markenartikel die Zeit gefunden, ein *Brillenmuseum* zusammenzutragen, das in der Welt seinesgleichen sucht. Über 2000 Ausstellungsstücke aus vier Jahrhunderten vermitteln dem sehgestörten Zeitgenossen die tröstliche Erkenntnis, daß er keineswegs einer modernen Zivilisationskrankheit zum Opfer gefallen ist, sondern in einer

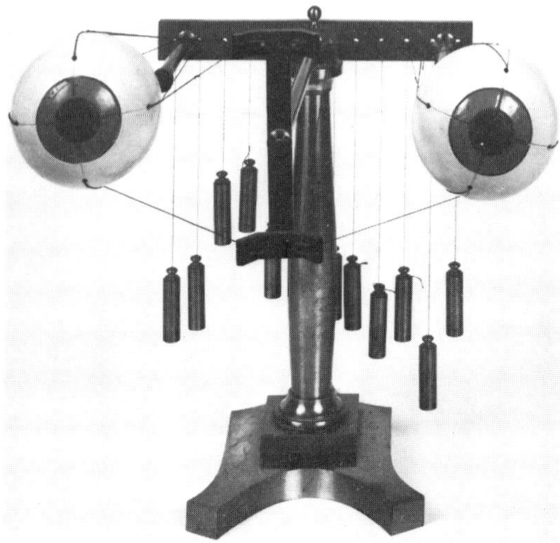

Ophthalmotrop zur Darstellung der Augenbewegung

ehrwürdigen Tradition steht. Neben Brillen, Monokeln, Kneifern, Lorgnons, Opernkiekern und den dazugehörigen Illustrationen finden wir so abenteuerliche Geräte wie Optometer, Ophthalmoskope, Ophthalmotrope, Ophthalmophantome und Chromatophotoptometer, ja sogar einen Apparat zur Massage der Augäpfel. Ein Gespräch mit Monsieur Marly belehrt uns darüber, daß konvexe Linsen für Weitsichtige viel früher erfunden wurden als konkave für Kurzsichtige. Wer allerdings die Brille erfunden hat (deren ältestes Exemplar erst vor wenigen Jahren im Kloster Wienhausen in der Lüneburger Heide entdeckt wurde), kann nicht einmal er uns sagen: Waren es die Chinesen, die Araber, der »Doctor admirabilis« Roger Bacon oder der florentinische Arzt Salvino degli Armati (1245–1317), der seine Erfindung angeblich mit ins Grab nehmen wollte? Verfolgte Kaiser Nero die Gladiatorenkämpfe deshalb durch einen Smaragd, weil er kurzsichtig war oder weil er

sich vor der Sonne schützen wollte? »Überwältigend unbeantwortbar«, wie es bei Gottfried Benn heißt – freilich bezogen auf den Antrieb zu schöpferischer Tätigkeit.
Nicht schöpferische, sondern nachschöpferische Tätigkeit anschaulich zu machen, hat sich das *Musée de la Contrefaçon,* 16 Rue de la Faisanderie (68), zur Aufgabe gesetzt (Öffnungszeiten: montags bis freitags 9–17 Uhr). Es handelt sich hierbei um die mißbräuchliche Nachahmung von Warenzeichen, die schon nach römischem Recht unter Strafe stand; die Carolina belegte sie mit dem Verlust einer Hand. Die ausgestellten Beispiele entstammen hauptsächlich der Parfüm- und Spirituosenbranche, wobei der französische Apéritif »Byrrh« den Vogel abschießt: Dutzende von Produkten mit fast gleichem Etikett und ähnlich klingendem Namen – Tyrrh, Bhyrr, Birrh, Brir, Birrc, Ryb, Debir, Sabir, Herbyr, Birca, Byron – dokumentieren seine neiderregende Beliebtheit. Daß es offenbar auch lohnt, in die Fußstapfen des Cointreau zu treten, belegen Flaschen mit der Aufschrift »Coinfreaux«, »Coindreaux«, »Cointrot«. Die witzigste Nachahmung betrifft eine der bekanntesten Champagnermarken Frankreichs, die »Veuve Clicquot« aus Reims: Hier haben die Fälscher der vor über zweihundert Jahren bereits verwitwet auf die Welt gekommenen Dame einen Ehemann, Charles Clicquot, angedichtet, der dem Erzeugnis seiner Gattin unter seinem eigenen Namen Konkurrenz zu machen sucht.
Wie in anderen Weltstädten finden auch in Paris die etablierten Großkirchen keine überzeugende Antwort auf die Vereinsamung vieler Menschen und die Entfremdung von ihrer Arbeit. Das Ergebnis sind zahllose *Sekten,* die den Mühseligen und Beladenen ihre Hilfe anbieten. Nicht alle handeln dabei so uneigennützig wie die Antoinisten, deren eigentümlich gewandete Tempeldiener nichts weiter empfehlen als ein Gebet zum Sektengründer, »Père« Louis Antoine; sein Todestag, der 25. Juni 1912 (oder, wie es im

ehrfürchtigen Jargon der Jünger heißt: der Tag seiner Desinkarnation), ist für die Gläubigen Karfreitag und Ostern zugleich. Ein anderes christliches Fest steht im Mittelpunkt der Pfingstbewegung; ihren von der Gemeinde gewählten, durch die »Geistestaufe« erleuchteten Priestern wird auch die Kraft zur »Glaubensheilung« zugeschrieben. Ekstatisches Zungenreden ist auf ihren Gottesdiensten ebenso an der Tagesordnung wie bei den Darbysten, die allerdings weit strengere Anforderungen an die Lebensführung ihrer Mitglieder stellen: Jede Zusammenarbeit mit dem Staat, sei es die Übernahme öffentlicher Ämter, sei es die Ausübung des Wahlrechts, ist verpönt, bei Frauen darüber hinaus auch das Schneiden der Haare. Das Abschneiden eines anderen Körperteils, nämlich des männlichen Gliedes, empfiehlt hingegen die Apostolische Gesellschaft der Zwiebelanbeter, ein französischer Ableger der Skopzen, die unter Berufung auf Matthäus 19, Vers 12 die Selbstentmannung zum obersten sittlichen Gebot erheben. Nicht ganz so rigoros ist die auch bei der deutschen Jugend populäre Sekte der »Munies«: Sie begnügt sich damit, die Eheschließung ihrer Anhänger von der vorherigen Einwilligung ihres Propheten, des Koreaners San Myung Mun, abhängig zu machen.

Während die Sainte Eglise Normande Odin und den germanischen Göttern huldigt, die Eglise luciférienne unifiée de France hingegen dem Teufel, berufen sich die Chaldäer, 4 Rue Greuze (69), auf die heiligen drei Könige als Vermittler des christlichen Glaubens. In Wahrheit handelt es sich bei ihnen um den in den Schoß der römischen Kirche zurückgekehrten Zweig der Nestorianer, einer noch heute in Syrien, Irak und Persien florierenden Sekte, die wegen ihrer häretischen Ansichten über die Natur Christi dem Bannstrahl der Päpste verfiel. Neben anderen Merkwürdigkeiten ihres Gottesdienstes (jeden Sonntag um 10:30 Uhr) fällt vor allem auf, daß sie sich weder des Lateinischen noch

Sekten in Paris

Antoinisten: 49 Rue du Pré-St. Gervais (XIX)
Lehr- und Gebetsstunden: sonntags bis freitags 10 Uhr, montags bis freitags 19 Uhr

Pfingstbewegung (Eglise de Pentecôte Primitive): 124 Rue du Faubourg-St. Martin (X)
Gottesdienste: freitags 20 Uhr, sonntags 10 Uhr

Darbysten (Faculté libre de Paris): 32 Villa Wagram (XVII)
Gottesdienste: sonntags 16 Uhr

Munies (Le Nouvel Espoir): 18 Rue Friant (XIV)

Hare Krishna (Association Internationale pour la Conscience de Krishna): 20 Rue Vieille-du-Temple (IV)

Scientology Church (Eglise de la Nouvelle Compréhension): 12 Rue de la Montagne-Ste. Geneviève (V)
Gottesdienste: sonntags 18:30 Uhr, Einführungsvorträge: samstags 20 Uhr

Theosophische Gesellschaft (Société Théosophique): Salle Adyar, 4 Square Rapp (VII)
Meditationen, Heilungsgottesdienste: mittwochs 20:30 Uhr, Missionsvorträge: samstags 16 Uhr

Spiritisten (Union des Sociétés francophones pour l'Investigation psychique et l'Etude de la Survivance): Salle Psyché, 15 Rue Jean-Jacques Rousseau (I)
Séancen: dienstags 18:30 Uhr (Madame Berthe), freitags 19 Uhr (Madame Gisky), am ersten Montag jeden Monats 15 Uhr (Madame Marie-Antoinette)

. . . und außerhalb
Kabbalisten (Siège de la Wicca): 6 Rue Danton, Kremlin-Bicêtre

Asenkult (Sainte Eglise Normande): 75 Rue de Chartres, Bonneval

Zwiebelanbeter (Association apostolique): 17 Rue de la Baronne Léonino, Chaumont

des Französischen, sondern der Muttersprache Jesu, des Aramäischen, bedienen. Sollten sie sich Nietzsches Kritik daran zu Herzen genommen haben, »daß Gott griechisch lernte, als er Schriftsteller werden wollte – und daß er es nicht besser lernte«? (Weitere Sekten im Kasten.)
Zur Architektur des Gemeindesaals der Chaldäer ist nichts weiter zu bemerken, im Gegensatz etwa zur Synagoge in der Rue Pavée, die von Hector Guimard, dem phantasievollsten Baumeister des französischen Jugendstils, entworfen wurde. Aufmerksamkeit erregte er erstmals mit einem Wohnblock hinter dem heutigen Sitz von Radio-France, dem sogenannten »Castel Béranger«, 14 Rue Lafontaine. Als sich Paris anläßlich der Weltausstellung des Jahres 1900 entschloß, dem Vorbild von London, New York, Chicago und Budapest nachzueifern und eine *Untergrundbahn* zu bauen, wurde Guimard mit der Ausgestaltung der Zugänge beauftragt. Als klassische Beispiele des »Art Nouveau« sind sie längst Museumsstücke geworden. Die Pariser Stadtverwaltung hat sich davon nicht sonderlich beeindrucken lassen: Die meisten Métro-Eingänge wurden ohne Rücksicht auf ihren kunsthistorischen Wert modernisiert oder ganz abgerissen. Nur eine einzige Haltestelle präsentiert sich noch in ihrer originalen Pracht: Es ist die Endstation der Linie 2 an der Porte Dauphine ⑳. Kein Paris-Besucher sollte an diesem Freilichtmuseum vorübergehen. Wenn er abends kommt, hat er obendrein noch das Vergnügen, die Pariser bei einer ihrer Lieblingsbeschäftigungen zu beobachten: Die Porte Dauphine ist das Hauptquartier der »partouzards«, jener Damen und Herren, die Partner zum Gruppensex suchen.
Wer Mitglied des Touring Club ist, wird früher oder später dessen Pariser Zweigstelle, 65 Avenue de la Grande Armée, aufsuchen (71). Ohne es zu ahnen, betritt er damit den Tatort der größten Betrugsaffäre, die Frankreich um die Jahrhundertwende erschütterte. In ihrem Mittelpunkt stand ein

Dienstmädchen aus Toulouse, *Thérèse Humbert*, die durch die Heirat mit dem Sohn des Justizministers in die höchsten Gesellschaftskreise aufgestiegen war. Den entscheidenden Eindruck fürs Leben hatte sie bereits in frühester Jugend empfangen: Ihr Vater, ein lebenslustiger, hochverschuldeter Mann, hatte seine Gläubiger immer wieder durch den Hinweis auf eine geheimnisvolle Truhe vertröstet, die erst

Die schönste Métro-Station (Porte Dauphine)

nach seinem Tode geöffnet werden dürfe: In ihr befänden sich Familiendokumente, die das Erbrecht seiner Kinder auf das nahegelegene Schloß Aurignac unwiderleglich bewiesen. Als er starb, wurde die Truhe geöffnet: Sie war leer bis auf einen einzigen Gegenstand – einen Ziegelstein.
In Paris führte Thérèse einen Lebenswandel, dem die Einkünfte ihres Ehemannes trotz großzügiger Zuschüsse des Schwiegervaters bald nicht mehr gewachsen waren. Als die Lieferanten auf Bezahlung der lawinenartig anwachsenden Schulden drängten, tischte ihnen Madame Humbert eine interessante Geschichte auf: Ein Amerikaner namens Crawford, dem sie bei einem Herzanfall in der Eisenbahn erste Hilfe geleistet habe und der unterdessen gestorben sei, habe zum Dank ihre kleine Schwester Marie zur Erbin seines gewaltigen Vermögens eingesetzt, doch dürfe die Erbschaft erst nach Maries Volljährigkeit angerührt werden. Zweiflern wies »la grande Thérèse« einen versiegelten Safe in ihrem Schlafzimmer vor: Dort sei der Nachlaß in Form von mündelsicheren Wertpapieren hinterlegt.
Damit nicht genug. Durch ihre Brüder Emile und Romain ließ sie eine Versicherungsgesellschaft gründen, deren Spezialität Lebensversicherungen mit niedrigen Beiträgen und hoher Prämie waren. Das eingezahlte Geld, rund 60 Millionen Francs, wurde natürlich nicht angelegt, sondern verschwand in den Taschen von Madame Humbert. Das Erstaunlichste an der Geschichte war, daß sie ihre Gaunerei zwanzig Jahre lang unbehelligt betreiben konnte, und das ausgerechnet in Frankreich, diesem in Geldangelegenheiten so ungewöhnlich vorsichtigen und wachsamen Land. Erst im Jahre 1901 schöpften verschiedene Anleger Verdacht. Aber auch damals wagte man noch nicht, die große Dame der Gesellschaft frontal anzugreifen. Statt dessen erschien eine von höchster Stelle, dem Premierminister Waldeck-Rousseau, inspirierte Artikelserie im »Matin«, in der Zweifel an der Lauterkeit ihrer Transaktionen geäußert wurden. Einer

dieser Artikel stammte von keinem Geringeren als Emile Zola.
Um die Haltlosigkeit der Verdächtigungen zu beweisen, machte Thérèses Anwalt, Maître du Buit, der fest an die Unschuld seiner Mandantin glaubte, das fatale Angebot, den mittlerweile legendären Safe zu öffnen. Als Madame Humbert ihn entsetzt zur Rede stellte, war es zu spät: Alle

Thérèse Humbert (rechts) vor der Strafkammer, daneben ihr Mann und ihre Schwester Marie

Welt wartete gespannt auf das große Ereignis. Zwei Tage, bevor es stattfinden sollte, brach im Schlafzimmer in der Avenue de la Grande Armée Feuer aus: Das Bett und alle Möbel verbrannten, aber der Safe erwies sich als feuerfest. Tags darauf, am 9. Mai 1902, nahm Madame Humbert mit ihrer ganzen Familie in aller Stille den Nachtzug nach Madrid. Als man den Safe öffnete, erwies er sich als leer – bis auf einen Ziegelstein.

Lange konnten sich die Flüchtlinge ihres Exils nicht freuen. Von den spanischen Behörden ausgeliefert, fanden sie sich am 9. März 1903 allesamt auf der Anklagebank wieder. Das Ehepaar Humbert wurde zu je fünf Jahren, die Brüder Romain und Emile zu drei bzw. zwei Jahren Gefängnis verurteilt. Bereits 1905 wurde Thérèse wegen vorbildlicher Führung entlassen. Als sie zehn Jahre später starb, schenkte die Presse diesem Ereignis kaum Beachtung: Der Erste Weltkrieg hatte das Interesse an den Schwindelaffären der Belle Epoque gründlich verdrängt.

ACHTER SPAZIERGANG

MONTMARTRE

BRETONNEAU
Damrémont
Rue
Rue
AVE JUNOT
73
76
CIMETIÈRE DU NORD
DIT DE MONTMARTRE
74
Caulaincourt
RUE LEPIC
82
75
Rue
BOULEVARD
MOULIN ROUGE
Pl. Blanche
DE
CLICHY
Pl.
Pigalle

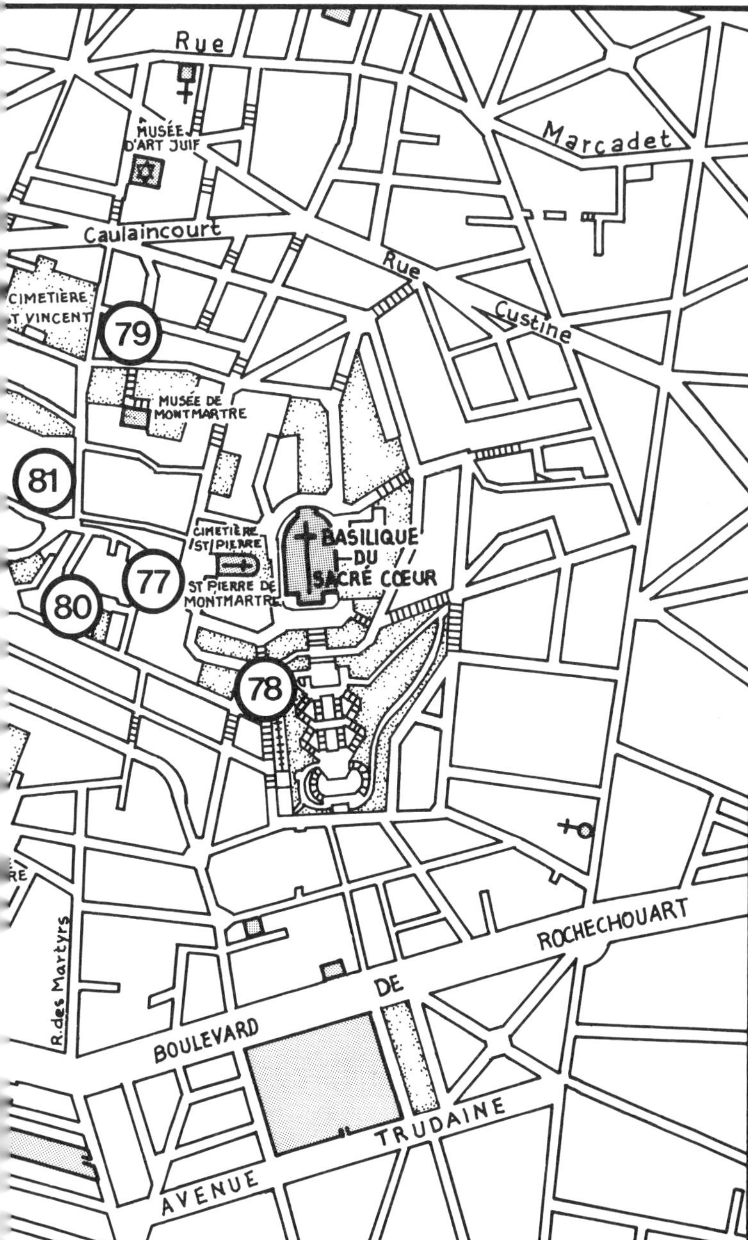
Rue
MUSÉE D'ART JUIF
Marcadet
Caulaincourt
Rue
Custine
CIMETIÈRE ST VINCENT
79
MUSÉE DE MONTMARTRE
81
CIMETIÈRE ST PIERRE
BASILIQUE DU SACRÉ CŒUR
77
ST PIERRE DE MONTMARTRE
80
78
RE
R. des Martyrs
BOULEVARD DE ROCHECHOUART
AVENUE TRUDAINE

Der Montmartre ist für die meisten Touristen gleichbedeutend mit Place Pigalle, Striptease, Nutten und Nepp. Kaum einer ahnt, daß sich hinter der lärmenden, neonglitzernden Fassade der Place Pigalle eine der idyllischsten Privatstraßen von Paris verbirgt: die *Avenue Frochot* (72). Ihren Eingang ziert ein riesiges japanisches Glasfenster, auf dem die bekannte »Welle« von Hokusai dargestellt ist. Öffnen Sie ruhig die Gittertür und treten Sie in die verwunschene Allee ein!

Die »allzu fröhliche« Gönnerin Baudelaires, Apollonie Sabatier

In der Villa Nr. 16 empfing Apollonie Sabatier, eine umschwärmte Schönheit der Pariser Lebewelt, jeden Sonntagabend die gesellschaftliche und künstlerische Crème der französischen Hauptstadt. Im Dezember 1852 wird Baudelaire bei ihr eingeführt. Er verliebt sich sofort in die Hausfrau und widmet ihr ein Gedicht mit dem anzüglichen Titel »Der Allzufröhlichen«, in dem er davon träumt,

...dein frohes Fleisch zu plagen
und zu quälen deine Brust,
in den erstaunten Leib mit Lust
dir eine Wunde tief zu schlagen.

Es ist eines der sechs Gedichte aus den »Blumen des Bösen«, die zu seiner Verurteilung wegen Verbreitung unzüchtiger Schriften führen. Zehn Tage nach dem Urteil gewährt Madame Sabatier dem tief Geknickten die erste und einzige Liebesnacht; sie endet mit einem Fiasko.

In der Villa Nr. 15 hatte Toulouse-Lautrec sein Atelier. Von hier aus brach er allabendlich ins »Moulin Rouge« auf und zeichnete die Tänzerinnen, die nach Mitternacht die gewagte »Quadrille naturaliste« zum besten gaben: »Goulue« (Vielfraß), »Rayon d'Or« (Goldstrahl), »Grille d'Egout« (Kanalgitter, so genannt nach ihren schiefen Zähnen) und »Môme Fromage« (Käsekind). Von Zeit zu Zeit gesellte sich dem Kleeblatt »Valentin le Désossé« (Valentin der Knochenlose) zu; auch ihn hat Toulouse-Lautrecs Zeichenstift in die Unsterblichkeit befördert. Nicht berücksichtigt wurde von ihm ein anderer Star des »Moulin Rouge«, der »Petomane« Joseph Pujol, der das Publikum durch melodisches Furzen zur Raserei brachte. Übrigens hat auch ihn selbst niemand einer Gedenktafel für würdig befunden, wohl aber seinen Nachbarn, den heute völlig vergessenen Marinemaler Paul Merwart: Eine Inschrift erinnert daran, daß er am 8. Mai 1902 auf Martinique einem Vulkanausbruch zum Opfer fiel – »mort pour l'art et le devoir«.

La Goulue und Valentin der Knochenlose (Toulouse-Lautrec)

Wenn wir jetzt die Rue des Martyrs zur »Butte« hinaufsteigen, so folgen wir – worauf ja schon der Name der Straße ebenso wie der des Montmartre hindeuten – dem Leidensweg der drei Märtyrer Dionysius, Rustikus und Eleutherus, die im 3. Jahrhundert an der Stelle des Redemptoristenklosters in der Rue Yvonne-le-Tac enthauptet wurden. Bekanntlich ließ es Dionysius damit nicht bewenden: Zur maßlosen Verblüffung der römischen Legionäre hob er seinen abgeschlagenen Kopf vom Boden auf und machte sich mit ihm aus dem Staub. Erst nach einem zweistündigen Fußmarsch ließ er ihn erschöpft fallen: Heute steht dort die Kathedrale von *St. Denis*. Unterwegs nahm er sich noch die Zeit, den Kopf in aller Ruhe vom Blut zu säubern. Die Quelle steht seitdem in dem Ruf, Mädchen, die von ihr tränken, blieben zeitlebens treu. Das heißt: Vor einigen Jahren ist sie, wohl mangels Bedarfs, versiegt. Nur ein kleines Denkmal auf der Place Suzanne Buisson (73) erinnert noch an den Zwischenaufenthalt des Heiligen. Die merkwürdige Haltung seines Kopfes wird allerdings von den meisten Anwohnern als Zahnschmerz mißdeutet.
Nur ein paar Schritte davon entfernt, 1 Avenue Junot, erhebt sich, frisch restauriert, die *Moulin de la Galette* (74). Als der Montmartre im März 1814 von russischen Truppen erobert wurde, versuchte der Müller, ein gewisser Debray, seinen Besitz vor der Plünderung zu bewahren. Er wurde niedergeknallt und in Stücke gerissen; die abgehackten Gliedmaßen nagelten die Kosaken unter großem Hallo an die Mühlenflügel. In der zweiten Hälfte des vorigen Jahrhunderts avancierte die Mühle zum Wahrzeichen des populärsten Tanzlokals auf dem Montmartre. Kaum ein Maler der Epoche hat sich das pittoreske Sujet entgehen lassen. Am bekanntesten wurde das Bild Renoirs aus dem Jahr 1876, das heute in der Galérie du Jeu de Paume hängt. Damals erregte es wegen seiner neuartigen Lichteffekte allgemeine Heiterkeit: Ein Kritiker verglich den Schatten

des Blattwerks auf den Gesichtern und Kleidern der Tanzenden mit Schimmelpilzen. 24 Jahre danach nahm sich der junge Picasso des gleichen Themas an: Es war sein erstes in Paris gemaltes Bild (heute im Guggenheim-Museum, New York).

Wie viele andere Maler, darunter Matisse, Braque, Gris, Modigliani und Kees van Dongen, hatte Picasso sein Atelier

Sonntagsausflug zur Moulin de la Galette (um 1900)

damals im *Bateau Lavoir* an der Place Emile Goudeau (75), der wohl folgenreichsten Wohngemeinschaft, die die Kunstgeschichte kennt. Im Mai 1907 schlug hier die Geburtsstunde des Kubismus. Als erstes Werk des neuen Stils gelten Picassos »Demoiselles d'Avignon«, die übrigens mit dem südfranzösischen Ort nur indirekt etwas zu tun haben: Abgebildet sind fünf Dirnen aus der Avignon-Straße (Calle de Aviñó) im Hafenviertel von Barcelona. Der Name »Bateau Lavoir« (Waschboot) stammt von dem jüdischen Schriftsteller Max Jacob, der ebenfalls hier wohnte. Nachdem ihm an der Zimmerdecke mehrfach der Gekreuzigte erschienen war, trat er zum katholischen Glauben über; Picasso war sein Taufpate. Kurz darauf hatte er wieder eine Erscheinung. Diesmal war es die Jungfrau Maria, die ausrief: »Wie bist du mies, mein armer Max!« – »So mies nun auch wieder nicht«, war seine indignierte Antwort. Am 12. März 1970 brannte der Atelier-Komplex vollständig nieder. Inzwischen wurde er in stark modernisierter Form wiederaufgebaut. An die alten, wesentlich frugaleren Zustände erinnert nur noch eine kleine Vitrine auf der Westseite des Platzes; sie enthält Fotografien der bedeutendsten Künstler, die im Bateau Lavoir gelebt haben, und Reproduktionen ihrer Werke, die hier entstanden sind.
Wer eine Atelierstadt kennenlernen will, die den Charme des vielgeschmähten 19. Jahrhunderts nahezu unverändert bewahrt hat, der wird in der *Villa des Fusains,* 22 Rue Tourlaque, auf seine Kosten kommen (76). Hinter roten Fachwerkmauern findet er ein von der Außenwelt abgeschlossenes Paradies von winkligen Gassen und verträumten Gärten. Die Ateliers, in denen Renoir, Bonnard, Hans Arp und Max Ernst arbeiteten, waren ursprünglich Pavillons der Weltausstellung von 1889. Heute leben hier hauptsächlich Bildhauer.
Die weltberühmte Place du Tertre (77) ist leider durch die in ganzen Busladungen herangeschafften Besuchermassen

Die Villa des Fusains – eine der wenigen noch erhaltenen Künstlerkolonien auf dem Montmartre

nahezu ungenießbar geworden. Interessanter jedenfalls als die Kohorten von Porträtmalern und Silhouettenschneidern ist die Schankwirtschaft »Mère Catherine« (Nr. 6): Wir stehen hier vor dem *ältesten Bistro* der französischen Hauptstadt. Das Wort »Bistro«, das man auch mit einem T am Ende schreiben kann, kommt aus dem Russischen und heißt »schnell«: Nach der bereits erwähnten Eroberung des Montmartre durch die Kosaken stürzten sich die Besatzer in die Kneipe der Catherine Lamothe und bestanden so nachdrücklich auf zügiger Bedienung, daß sich das Wort rasch einbürgerte. Gegenüber, am Haus Nr. 21, erinnert eine Gedenktafel daran, daß just am Heiligen Abend des Jahres 1898 erstmals ein benzingetriebenes Fahrzeug den Montmartre bezwang und die französische Automobil-Industrie damit ihren Anfang nahm. Am Steuer des

Gefährts saß sein Konstrukteur, der 21jährige Louis Renault.

Zwischen Place du Tertre und Sacré Cœur steht auf der kleinen Place Nadar (78) ein leerer Sockel. Das dazugehörige Denkmal wurde während des Zweiten Weltkriegs eingeschmolzen. Die Inschrift auf dem Sockel verrät, um wen es sich bei dem Verschwundenen handelt: einen *Chevalier de la Barre,* der am 1. Juli 1766 im Alter von 19 Jahren hingerichtet wurde, weil er an einer Fronleichnamsprozession vorbeigeritten war, ohne den Hut zu lüften. Das gleiche Schicksal hatte 220 Jahre zuvor den Buchdrucker Etienne Dolet ereilt: Wegen der Veröffentlichung häretischer Schriften war er mitsamt seinen Büchern auf der Place Maubert verbrannt worden. Ein eigentümlicher Zufall wollte es, daß auch sein Denkmal, das man ihm an der Hinrichtungsstätte errichtet hatte, während des Zweiten Weltkriegs verschwand.

Eine Rue Dolet gibt es in Paris nicht, wohl aber eine Rue du Chevalier de la Barre: Es ist die Straße, die sich an der Apsis von Sacré Cœur entlangzieht. An der Stelle des Hauses Nr. 36 stand bis 1914 jene Mauer, vor der am 19. März 1871

Die Erschießung der Generäle Thomas und Lecomte durch meuternde Truppen

die Generäle Thomas und Lecomte von meuternden Einheiten der Nationalgarde füsiliert wurden. Diese Gewalttat war das Fanal für den Aufstand der Kommune, die Paris für zwei Monate ins Chaos stürzte. Bei der Niederschlagung der Revolte kamen 20 000 Menschen ums Leben.

Im Norden der Place du Tertre finden wir den einzigen noch erhaltenen Weinberg im Pariser Stadtgebiet. Genau gegenüber, 4 Rue des Saules (79), zieht ein ulkiges Ladenschild die Aufmerksamkeit auf sich: Dargestellt ist ein Hase, der mit einem gewaltigen Satz aus der Pfanne springt, in der er gebraten werden sollte. Es ist der »*Lapin Agile*« und das dazugehörige Etablissement das einzige noch existierende Kabarett aus dem vorigen Jahrhundert (geöffnet ab 21 Uhr, außer montags). 1860 als »Rendez-vous des Voleurs« gegründet, nahm es bald darauf den Namen »Auberge des Assassins« an; zum Schutzpatron erkor man den bei Moritatensängern ungemein beliebten Massenmörder Jean-Baptiste Troppmann, der 1869 ein Ehepaar mit sechs Kindern entleibt und ausgedärmt hatte. Der Name »Lapin Agile« beruht auf einem Wortspiel des Malers A(ndré) Gill, der – vom Wirt des Lokals, Papa Frédé, mit der Anfertigung eines Emblems beauftragt – sich selbst durch diesen zoologischen Scherz ins Spiel brachte.

Im Jahr 1910 machte im »Salon des Indépendants« ein anderes Tier Furore. Ausgestellt war dort ein abstraktes Gemälde mit den Titel »Sonnenuntergang über der Adria«; ein Kunstfreund erwarb es sogleich für 400 Francs. Hinterher stellte sich heraus, daß der Schöpfer des Bildes kein anderer war als der Esel Lolo, der neben der Ziege Blanchette zum Hausstand von Papa Frédé gehörte. Einige Stammgäste hatten dem Grautier Mohrrüben verabreicht und die freudigen Bewegungen seines in Farbe getauchten Schwanzes auf Leinwand fixiert.

Am 11. April 1920 wurde im »Lapin Agile« die Unabhängigkeit des von Paris widerrechtlich annektierten 18. Arron-

Papa Frédé, der Wirt des »Lapin Agile«, mit dem abstrakten Maler Lolo

dissements proklamiert und die »freie Gemeinde Montmartre« ausgerufen. Um Sitze im Gemeinderat bewarben sich nicht weniger als sechs Parteien, darunter die Dadaisten mit Tristan Tzara und die Kubisten mit Pablo Picasso an der Spitze. Die Antigrattecielisten versprachen für den Fall ihres Wahlsieges die Niederreißung aller Häuser mit mehr als einer Etage sowie die sofortige Sperrung der Wasserleitungen als schwere Gefahr für den unverfälschten Absinthgenuß. Die Sauvagisten kündigten hingegen die Umwandlung der Kirche von Sacré Cœur in ein Aquarium an.
Wie es damals im »Lapin Agile« und seinem ebenso berühmten, längst nicht mehr existierenden Konkurrenten, dem »Chat Noir«, zuging, wird uns im *Wachsfigurenkabinett* des Montmartre, 11 Rue Poulbot, anschaulich gemacht (80). Auch weiter zurückliegende Höhepunkte der Geschichte dieses Stadtteils sind getreulich nachgebildet, so die Gründung des Jesuitenordens durch Ignatius von Loyola oder die Belagerung von Paris durch Heinrich IV., die durch seinen Glaubenswechsel (»Paris ist eine Messe wert«) ein für beide Teile befriedigendes Ende fand. Der Ballonaufstieg Léon Gambettas aus dem von preußischen Truppen eingeschlossenen Paris fehlt ebensowenig wie die Szene, in der der junge Bürgermeister Clemenceau die Nachricht von der Erschießung der Generäle Thomas und Lecomte erhält. Natürlich finden wir auch das Bateau Lavoir und seine wichtigsten Bewohner sowie das Atelier Toulouse-Lautrecs mit einigen seiner Modelle, der »Goulue«, der Diseuse Jane Avril und Valentin le Désossé (Öffnungszeiten: täglich 10–12 und 14–18 Uhr).
Etwas südlich davon, 22 Rue Norvins (81), steht die »Folie Sandrin«, das ältere der beiden vornehmen Landhäuser, die im 18. Jahrhundert auf dem Montmartre entstanden. (Das andere ist das »Château des Brouillards« in der Allee gleichen Namens, das inzwischen in Reihenhäuser aufgeteilt wurde.) 1774 im Stile des Schlosses von Malmaison erbaut,

wurde es im Jahr 1805 *Nervenheilanstalt,* zunächst unter Leitung eines Dr. Prost, später des berühmten Esprit Blanche. 1814 wollte General de Langeron, der Kommandant des russischen Armeekorps, hier sein Hauptquartier aufschlagen, nahm aber nach der hysterischen Reaktion der Insassen von diesem Gedanken Abstand.
Zu den bekanntesten Patienten gehörten die Gräfin de Lavalette, die ihrem Gatten zur Flucht aus der Conciergerie verholfen und, danach selbst eingekerkert, den Verstand verloren hatte (S. 171); eine Hofdame Marie Antoinettes, die nicht darüber hinwegkam, daß es ihr mißlungen war, Robespierre zu heiraten; der Schriftsteller Jacques Arago, Bruder des Physikers, der eine Posse verfaßt hat, in der der Buchstabe A nicht ein einzigesmal vorkommt; und schließlich Gérard de Nerval, der bei Dr. Blanche mehrfach Aufenthalt nahm, um sich von seiner »Theomanie und Dämonomanie« kurieren zu lassen, und der ihm auch nach der Verlegung der Anstalt in das Schloß der Prinzessin von Lamballe (S. 131) treu blieb. Wie es sich gehört, trat nach dem Umzug ein Mädchenpensionat die Nachfolge der Nervenklinik an. Zur Zeit wird auch dieses Haus in Eigentumswohnungen aufgeteilt.
Ein Besuch des *Montmartre-Friedhofs* (82) ist vor allem Literaturfreunden zu empfehlen: Unter anderem wurden hier Heine, Stendhal und Zola beerdigt.
Heine war 1831 als Korrespondent der »Augsburger Allgemeinen« nach Paris gekommen; er hat Deutschland nur zweimal bei flüchtigen Besuchen wiedergesehen. Im November 1854 zog er, von einem schweren Rückenmarksleiden ans Bett gefesselt, in die »Matratzengruft« am Rond-Point des Champs-Elysées (Gedenktafel am Neubau 3 Avenue Matignon). Von seiner Frau, der ehemaligen Schuhverkäuferin Eugénie (»Mathilde«) Mirat, und seiner Geliebten, der Pianistin Elise (»Mouche«) Krinitz, umsorgt, ist er hier am 17. Februar 1856 gestorben. »Achtzehn

Heines Grab auf dem Montmartre-Friedhof

deutsche Schuster« – so jedenfalls Théophile Gautier – gaben ihm das letzte Geleit. Der schöne Marmorkopf des dänischen Bildhauers Hasselriis, der heute das Grab ziert, ist eine viel spätere Zutat. In Auftrag gegeben wurde er von der österreichischen Kaiserin (»Sissy«) Elisabeth, die ihn Heines Geburtsstadt Düsseldorf zum Geschenk machen wollte. Dort lehnte man dankend ab. Die Kaiserin behielt ihn also und schmückte damit ihre Villa »Achilleion« auf Korfu. Nach ihrer Ermordung kaufte Wilhelm II. das Anwesen, wollte aber mit dem Kopf ebenfalls nichts zu tun haben. So kam er denn nach Paris.

Am Begräbnis *Stendhals* nahmen sogar nur drei Menschen teil; einer von ihnen war Prosper Mérimée. Seit 1831 französischer Konsul in Civitavecchia (das Exequatur für Triest hatte Metternich dem eingefleischten Bonapartisten verweigert), schrieb er einem Freund wenige Monate vor

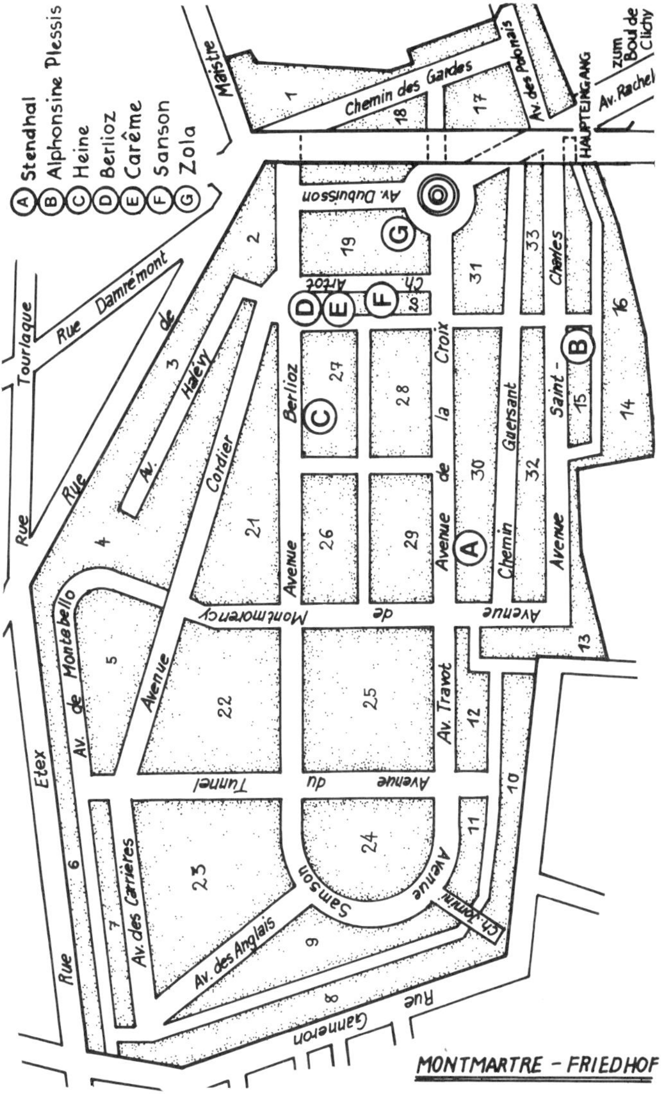
A Stendhal
B Alphonsine Plessis
C Heine
D Berlioz
E Carême
F Sanson
G Zola
MONTMARTRE - FRIEDHOF
HAUPTEINGANG
zum Boul de Clichy
Av. Rachel
Chemin des Gardes
Av. des Polonais
Maistre
Rue Tourlaque
Rue Damrémont
Av. Dubuisson
Avenue Berlioz
Avenue de la Croix
Chemin Guersant
Avenue Saint-Charles
Cordier
Av. Halévy
Avenue de Montmorency
Av. de Montebello
Rue Etex
Avenue du Tunnel
Av. Travot
Avenue Samson
Av. des Anglais
Av. des Carrières
Rue Ganneron

seinem Tod: »Auf der Straße zu sterben, finde ich keineswegs lächerlich, vorausgesetzt, daß man es nicht absichtlich tut.« Am 22. März 1842 besuchte er während des Heimaturlaubs einen Empfang im Außenministerium, das sich damals noch nicht am Quai d'Orsay, sondern im Hôtel de la Colonnade am Boulevard des Capucines befand; heute steht dort die Lloyd's Bank. Auf dem Heimweg erlitt er einen Schlaganfall. Sein Vetter Romain Colomb, der zufällig vorbeikam, brachte den Bewußtlosen auf sein Zimmer im »Hôtel de Nantes« (heute: »Hôtel Stendhal«), 22 Rue Danielle Casanova, wo er in den Morgenstunden des folgenden Tages starb. Seine Grabinschrift – ein Fanfarenstoß wie der Aktschluß einer italienischen Oper – hatte er bereits 1818 entworfen, als er noch in Mailand lebte: »Arrigo Beyle – Milanese – scrisse – visse – amò«.

Zola war am 29. September 1902 soeben aus den Sommerferien nach Paris zurückgekehrt, als eine Kohlenoxydvergiftung seinem Leben ein Ende machte: Während seiner Abwesenheit war ein Schornstein seines Hauses, 21 Rue de Bruxelles, versehentlich zugemauert worden, so daß die Abgase der Heizung statt nach außen in sein Schlafzimmer strömten. Albert Schweitzer hat die Ansicht vertreten, nicht ein Versehen, sondern Vorsatz sei im Spiel gewesen; die Schuld an dem Verbrechen gab er Dreyfus-Gegnern, die den Angriff Zolas auf die Armee nicht verziehen hätten. Beweisen konnte Schweitzer seine These allerdings nicht. Im Juni 1908 wurden die Gebeine Zolas ins Pantheon überführt, so daß in dem prunkvollen Mausoleum heute nur noch die sterblichen Überreste seiner Frau und seiner Kinder ruhen.

Ungleich populärer als die drei Schriftsteller zusammengenommen wurde die Heldin eines Romans von Alexandre Dumas dem Jüngeren, die ebenfalls auf dem Montmartre begraben liegt. Es handelt sich um Alphonsine Plessis, die »*Kameliendame*« oder, in Verdis Vertonung, »la Traviata«.

Alphonsine Plessis, die »Kameliendame«

Dumas hatte die stadtbekannte Kurtisane 1844 im Theater kennengelernt und sich Hals über Kopf in sie verliebt. Da sie freilich nicht daran dachte, ihren anderen Herrenbekanntschaften den Laufpaß zu geben, brach der eifersüchtige Dichter die Beziehung nach einem Jahr wieder ab. Am 5. Februar 1847 ist sie, erst 23jährig, an der Schwindsucht gestorben. Wie offenherzig sie ihre Reize anbot, läßt sich an ihrem Blumen-Tick ablesen: Fünfundzwanzig Tage im Monat trug sie weiße Kamelien, an den übrigen fünf Tagen waren es rote. Daß ihr Grab nicht mit weißen, sondern mit roten Porzellan-Kamelien geschmückt ist, kann demnach als feinsinnige Pikanterie gelten.
In der Abteilung, in der sich auch die klotzige Gruft von

Berlioz befindet, verdienen zwei bescheidenere Grabsteine unsere Aufmerksamkeit. Die Rede ist vom Schöpfer der modernen Küche, Carême, und dem Erbbegräbnis der Scharfrichter-Dynastie Sanson.

1783 in ärmlichsten Verhältnissen geboren, hatte sich *Antonin Carême* zum »chef de bouche« bei Talleyrand emporgearbeitet. Auf dem Wiener Kongreß entzückten seine erlesenen Gerichte – die allerdings in krassem Gegensatz zu seinem Namen standen: »carême« heißt Fasten – die gekrönten Häupter Europas. Dem britischen Prinzregenten gelang es, ihn abzuwerben; 1817 mußte er ihn an den Zaren weiterreichen. Lange hat es Carême in der Fremde nicht ausgehalten: Es war ihm dort zu düster und zu kalt. Er kehrte nach Paris zurück und beschloß seine Karriere bei Jacob Rothschild, dessen Tafel sogar die des Königs in den Schatten stellte. Carême war nicht nur der führende Praktiker der »grande cuisine«, er hat auch eifrig theoretische Studien getrieben. So hat er z.B. herausgefunden, daß die Gerichte des legendären Feinschmeckers Lukull für unseren Gaumen ungenießbar wären. Besondere Bedeutung maß er dem Zusammenhang zwischen Gastronomie und Architektur bei, für deren wichtigsten Zweig er die Patisserie hielt.

Unter dem kaum noch entzifferbaren Grabstein der Familie *Sanson* ruhen drei Generationen französischer Scharfrichter: Charles Henri Sanson, der Ludwig XVI. köpfte und überhaupt der erste Henker war, der nicht mehr mit dem Beil, sondern mit der Guillotine arbeitete; sein Sohn, der schöne und gebildete Henri Sanson, der Marie Antoinette, Danton und Robespierre, aber auch den Attentäter Fieschi und den Nobelverbrecher Lacenaire ins Jenseits beförderte; und schließlich dessen Sohn Henri Clément Sanson, der seinen Posten bereits nach wenigen Jahren verlor, weil er die Guillotine versetzt hatte (S. 91): Seine Pensionierung überlebte er – Traum jedes Beamten – um volle 42 Jahre!

NEUNTER SPAZIERGANG

PÈRE LACHAISE

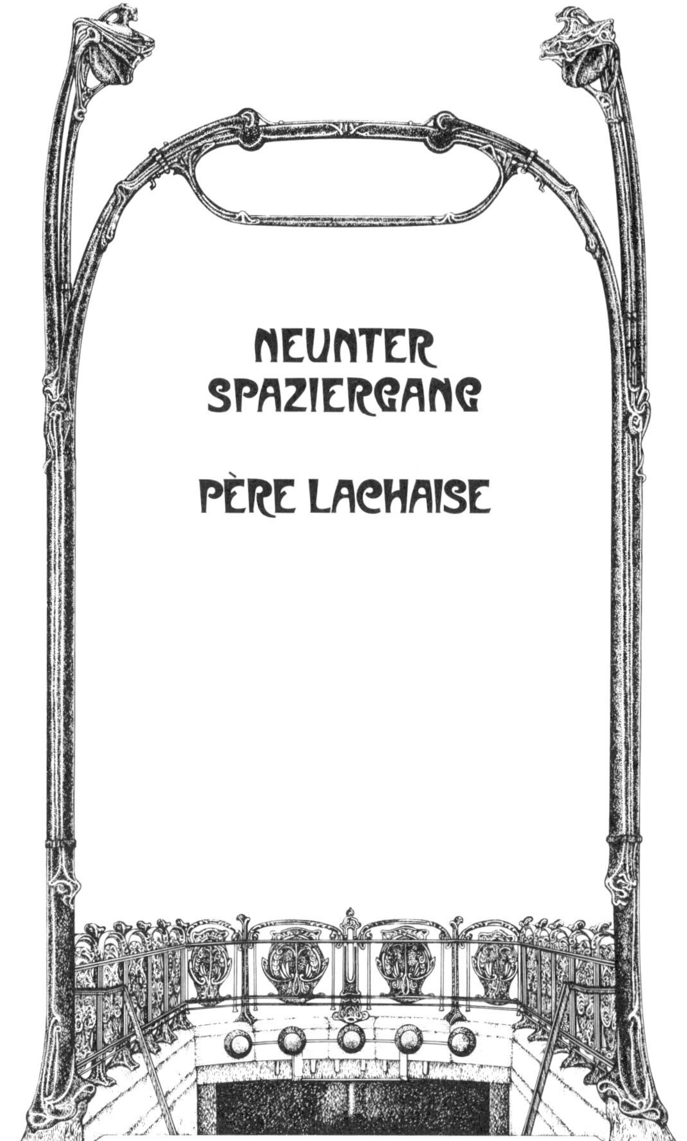

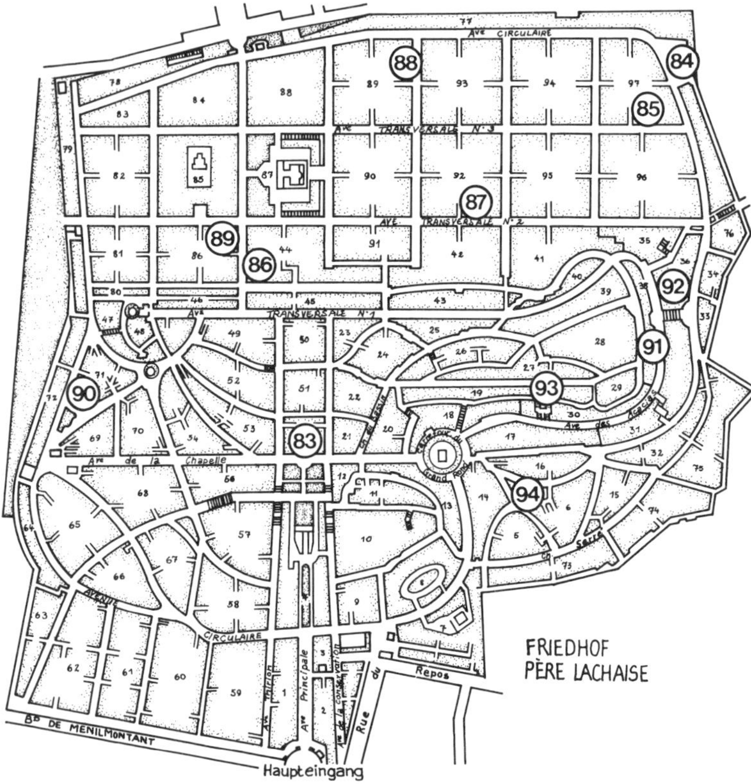
FRIEDHOF
PÈRE LACHAISE
Haupteingang
Ave CIRCULAIRE
Ave TRANSVERSALE N° 3
Ave TRANSVERSALE N° 2
Ave TRANSVERSALE N° 1
Ave de la Chapelle
Ave des Acacias
Carrefour du Grand Rond
Rue du Repos
Bd DE MENILMONTANT
AVENUE CIRCULAIRE
Ave Principale
Ave Thirion
Ave de la Conservation

Von den 15 Friedhöfen im Pariser Stadtgebiet ist der Père Lachaise zwar nicht der älteste (das ist der Cimetière du Calvaire neben der Kirche St. Pierre de Montmartre), wohl aber mit Abstand der größte. Über eine Million Tote wurden hier seit seiner Eröffnung im Jahr 1804 beerdigt. Seinen Namen verdankt er dem Beichtvater Ludwigs XIV., der, wo heute die Kapelle steht (83), ein Sommerhaus besaß. Die christliche Nächstenliebe wußte dieser Priester übrigens durchaus selektiv zu handhaben: Während er über die ehebrecherischen Verhältnisse seines Souveräns großzügig hinwegsah, förderte er mit Eifer den Widerruf des Edikts von Nantes, der 200 000 Hugenotten aus dem Lande trieb.
Der Standort der Kapelle spielt auch in der Literaturgeschichte, und zwar in Balzacs »Père Goriot«, eine Rolle. Von dieser höchsten Erhebung des Friedhofs aus schleudert der von Ehrgeiz zerfressene Jurastudent *Rastignac* Paris seine Herausforderung entgegen: »Er warf auf diesen brausenden Bienenstock einen Blick, der im voraus den Honig daraus zu saugen schien, und sprach die erhabenen Worte: Und nun zu uns beiden!« Mit demselben Ausruf – »A nous deux maintenant!« – hatte der 17jährige Autor bei seiner Ankunft auf dem Bahnhof Montparnasse die französische Hauptstadt begrüßt.
Das Mausoleum rechts daneben birgt die sterblichen Überreste des ersten Präsidenten der Dritten Republik, Adolphe Thiers. 1971 wurden die Säulen durch einen Sprengstoffanschlag beschädigt – ein Gedenken besonderer Art an die Niederschlagung des Aufstands der *Kommune* genau hundert Jahre vorher. Der letzte Kampf hatte sich justament auf dem Friedhof abgespielt. Ein versprengter Haufe von 150 Kommunarden hatte sich in der Nordost-Ecke verschanzt und wehrte sich verzweifelt gegen die Übermacht der Regierungstruppen. Sie kamen alle ums Leben. Eine große Tafel an der »Mur des Fédérés« (84) erinnert an die Ereignisse vom 21. bis 28. Mai 1871. Sie ist noch heute,

Das Ende der letzten Kommunarden an der »Mur des Fédérés«

besonders wenn die blutige Woche sich jährt, Ziel kommunistischer Pilgerzüge.

Nicht weit davon finden wir das Grab von *Edith Piaf* (85). »Piaf« heißt in der französischen Umgangssprache »Spatz«, und als »Spatz von Paris« hat sich Edith Giovanna Gassion in die Herzen der Welt gesungen. Ihr Leben verlief vom ersten Tag an turbulent: Da ihre Mutter die Klinik nicht mehr rechtzeitig erreichte, fand die Entbindung auf der Treppe des Hauses 72 Rue de Belleville – nördlich des Friedhofs – statt (Gedenktafel). Als Achtjährige verlor sie ihr Augenlicht. Nach einer Wallfahrt zur heiligen Therese von Lisieux konnte sie wieder sehen. Eine Zeitlang hospitierte sie im »Pavillon Villejust«, einem eleganten Bordell in der Rue Paul Valéry, wo man mit der 1,47 Meter großen Zwergin jedoch nichts Rechtes anzufangen wußte. Gestorben ist sie am gleichen Tag wie Jean Cocteau, am 11. Oktober 1963. Über 50 000 Menschen gaben ihr das letzte

Geleit. Mit ihr zusammen sind ihr Vater, der Zirkusakrobat Louis Alphonse Gassion, und ihr letzter Lebensgefährte, der um 21 Jahre jüngere Grieche Theo Sarapo, beerdigt, der sie nur um sieben Jahre überlebte. Besonders am Allerseelentag wird das Grab von Hunderten ihrer Fans mit Blumen überhäuft. Sogar Wunderheilungen sollen sich dort zugetragen haben.
Das am festlichsten geschmückte Grab ist jedoch nicht das der berühmten Chansonnette; es gehört einem Mann, der in Deutschland nicht einmal dem Namen nach bekannt ist: *Allan Kardec* (86). Eigentlich hieß er Hippolyte Denizard Rivail; von Hause aus war er Gymnasiallehrer. Im April

Von Millionen verehrt: der Spiritist Allan Kardec

1856 nahm ihn ein Kollege zu einer spiritistischen Sitzung mit. Der Funke zündete sofort: Ein Geist namens Zephyr teilte dem Schulmann mit, es sei fortan seine Bestimmung, Botschaften aus dem Jenseits zu sammeln und zu verbreiten. Rivail ließ sich dies nicht zweimal sagen. Sehr rasch kam er dahinter, daß er in keltischer Vorzeit unter dem Namen Allan Kardec als Druide in der Bretagne gewirkt hatte. Bereits sein erstes Buch, »Das Leben der Geister« (1859), war ein durchschlagender Erfolg; unter seinen »Mitarbeitern«, die ihm beim Schreiben zur Seite gestanden hätten, nannte er Sokrates, den Apostel Johannes, Luther und Napoleon. Mit seiner Lehre, die Spiritismus mit dem Glauben an die Seelenwanderung zu verbinden suchte, fand er mehr als eine Million Anhänger, vor allem in Lateinamerika. Am 31. März 1869 traf ihn der Schlag, als er dahinterkam, daß ihn sein Medium Célina Bequet, dem er die detaillierte Kenntnis des Jenseits verdankte, mit Hilfe von Komplizen jahrelang getäuscht hatte. Noch heute sind es hauptsächlich Frauen aus Lateinamerika, die Kardecs Grab, das von einem keltischen Menhir überdacht ist, aufsuchen. Seine Bronzebüste hat infolge der zahlreichen Berührungen durch die Gläubigen nichts von ihrem Glanz verloren.

Ebenfalls glänzend, wenn auch beschränkt auf einen bestimmten Körperteil, präsentiert sich die Bronzefigur von *Victor Noir* (87), einem Provinzjournalisten, der am 10. Januar 1870 vom Vetter des Kaisers, dem Prinzen Pierre Bonaparte, erschossen wurde. Der reizbare Prinz lag im Streit mit der korsischen Zeitung »La Revanche«, deren Pariser Korrespondent ihn schließlich zum Duell forderte. Als Sekundanten benannte er zwei Kollegen, Ulrich de Fonvielle und den 22jährigen Victor Noir, die den Prinzen aufsuchten, um ihm die Forderung zu überbringen. Der Prinz verspürte indes wenig Neigung, sich auf einen Ehrenhandel einzulassen. Nachdem er die Sekundanten angehört

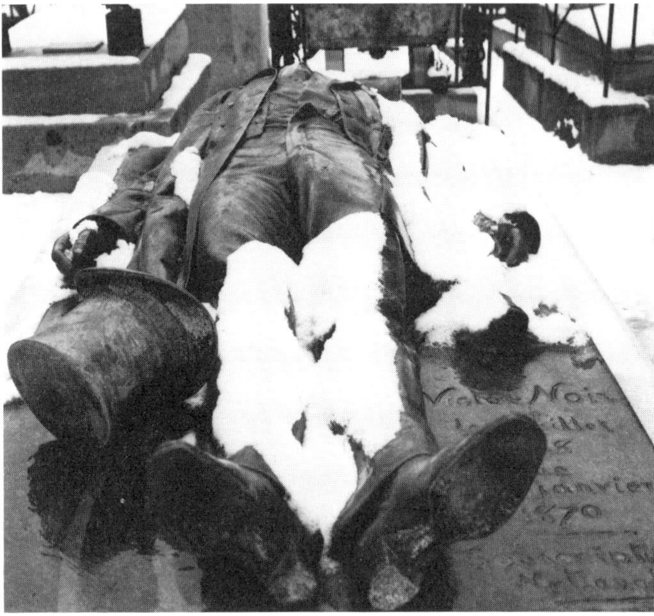

Victor Noir, der »Apostel der Männlichkeit«

hatte, zog er ohne weitere Warnung eine Pistole und schoß Noir nieder. Der schwerverletzte Journalist konnte sich noch bis zur Haustür schleppen; dort brach er zusammen und starb. Seine Beerdigung wuchs sich zu einer gewaltigen antimonarchistischen Demonstration aus. Pierre Bonaparte wurde vor Gericht gestellt, aber »wegen Notwehr« freigesprochen. Die höchst naturalistische Grabplastik von Dalou stellt Noir im Augenblick seines Todes dar; sein zu Boden gefallener Zylinder liegt neben ihm. Der Bildhauer hat kein Geheimnis daraus gemacht, daß der junge Journalist in der Blüte seiner Manneskraft stand, und so sind es denn auch die Schamteile, die – ähnlich der großen Zehe des Apostels Petrus in Rom – den Hauptanziehungspunkt des Grabes

bilden: Unfruchtbare und unbefriedigte Frauen versprechen sich von ihrer Berührung baldige Linderung ihres Zustands.
Ein weniger erfreuliches Schicksal hatte der entsprechende Körperteil der Sphinx, die das Grab *Oscar Wildes* ziert (88): Das Fabeltier wurde von einem Widersacher der gleichgeschlechtlichen Liebe brutal verstümmelt. Oder handelt es sich im Gegenteil um einen Sympathisanten, der das Organ, das den Dichter ins Unglück stürzte, als Souvenir nach Hause nahm? »He died fortified by the sacraments of the church«, heißt es tröstlich in der Grabinschrift: Tatsächlich hatte Wilde auf dem Sterbebett noch die katholische Taufe empfangen. Es folgt eine Strophe aus der »Ballad of Reading Gaol«, die er im Zuchthaus schrieb:

And alien tears will fill for him
pity's long-broken urn,
for his mourners will be outcast men,
and outcasts always mourn.

Und fremde Tränen werden ihm
des Mitleids längst zerbrochne Vase füllen,
denn seine Totenkläger werden Ausgestoßne sein,
und Ausgestoßne trauern stets.

Der einzige Kranz, der bei der Beerdigung auf dem Grab niedergelegt wurde, stammte vom Wirt des »Hôtel d'Alsace«, wo Wilde gestorben war (S. 100). Die Schleife trug die Aufschrift: »A mon locataire« – »Meinem Mieter«.
Ein anderes, etwas kleineres Tier finden wir auf dem Grab des Dompteurs *Jean-Baptiste Pezon* (89): Es ist sein Lieblingslöwe »Brutus«, auf dem er mit Spitzbart à la Napoléon III und Imperatorenschärpe in die Manege zu reiten pflegte. Pezon war ursprünglich Knecht gewesen; seine wahre Berufung entdeckte er, nachdem er im Margeride-Gebirge

Das Grab Oscar Wildes

einen Wolf lebendig gefangen und mit bloßen Händen erwürgt hatte. Seine dreißig dressierten Löwen waren auf allen französischen Jahrmärkten zu sehen; sie machten Pezon zum Millionär. Im Künstlermilieu des Montmartre war er ein beliebter Gast, mit der »Goulue« war er befreundet. Die Legende will, daß er von »Brutus« angefallen und zerrissen wurde. Sie hat leider den Nachteil, nicht zu stimmen. Zwar hat er – wie sein berühmter Rivale Bidel – in der Manege mehrfach die »Bluttaufe« erlitten. Im November 1897 hatte er die öffentlichen Auftritte jedoch längst seinem Sohn überlassen und sich auf die Geschäftsführung zurückgezogen. Er starb an einem ganz gewöhnlichen Herzanfall in seinem Büro.
Grimmig war hingegen der Tod der beiden Luftschiffer *Crocé-Spinelli* und *Sivel*: Sie erstickten, als ihr Ballon »Zenith« am 15. April 1875 die Höhe von 8600 Metern erreichte. Ein dritter Aeronaut namens Tissandier wurde in der Nähe von Châteauroux – 270 km südlich Paris – noch lebend gefunden. Auf dem Grab (90) liegen die beiden Opfer der Wissenschaft, in Laken gehüllt, lebensgroß ausgestreckt; fast hat man den Eindruck, ihrer Identifizierung im Leichenschauhaus beizuwohnen. Abgesehen von ihren höchst stattlichen Vollbärten zeichnen sie sich durch keinerlei körperliche Besonderheiten aus. Als Stätte öffentlicher Andacht ist das Grab daher allenfalls für Friseure geeignet.
Das schönste Tier auf dem Père Lachaise ist zweifellos das 3 Meter hohe Pferd, auf dem der *General Gobert* in der Schlacht von Bailén den Heldentod erleidet (91). Die vier Reliefs auf dem Sockel des Grabes stellen Höhepunkte aus der militärischen Laufbahn des Haudegens dar. Besonders gelungen ist die Befreiung französischer Gefangener während des Negeraufstands auf Haiti, der auch den historischen Hintergrund für Kleists Novelle »Die Verlobung von St. Domingo« bildet. Der Bildhauer David d'Angers schildert den Augenblick, da die Rebellen sich anschicken, das

Gefängnis in die Luft zu sprengen. Die schnauzbärtigen Franzosen, die Lockenköpfe der Eingeborenen, die tropische Flora, das Pulverfaß – all das hat der Künstler mit köstlichem Scharfblick getroffen.

Ein womöglich noch dramatischeres Relief finden wir auf dem Mausoleum des *Grafen Lavalette* (92). Der Generalpostmeister Napoleons, der während der Hundert Tage seinen alten Platz ohne Zögern wieder eingenommen hatte, war nach der Rückkehr der Bourbonen vor die Assisen gestellt und als Hochverräter zum Tode verurteilt worden. Die Hinrichtung sollte am 20. Dezember 1815 stattfinden. Am Vorabend begab sich seine Frau, eine Nichte der Kaiserin Josephine, in die Conciergerie und tauschte mit ihm die Kleider; sie selbst blieb anstelle ihres Mannes im Gefängnis

Die Flucht des Generalpostmeisters Lavalette aus der Conciergerie

zurück. Diese opernhafte Szene ist auf dem Grabstein festgehalten. Vom weiteren Fortgang der Geschichte berichtet der Bildhauer freilich nichts: Während es Lavalette gelang, mit einem englischen Paß nach München zu entkommen, ließen die düpierten Behörden ihre Wut an der Gräfin aus. Man sperrte sie in Einzelhaft und terrorisierte sie so lange, bis sie den Verstand verlor. Erst sechs Jahre später wurde das Paar begnadigt. Madame de Lavalette beschloß ihre Tage in der Nervenheilanstalt des Dr. Blanche auf dem Montmartre (S. 155).
Das prunkvollste Bauwerk des ganzen Friedhofs ist der Totentempel der russischen *Prinzessin Elisabeth Demidoff*, die 1818 während eines vorübergehenden Aufenthalts in Paris starb (93). Väterlicherseits stammte sie aus der berühmten Familie Stroganoff, der unsere Küche das »bœuf Stroganoff« verdankt. Das auf dem Grab immer wiederkehrende Emblem des Hammers erinnert an die Quelle ihres unermeßlichen Reichtums: Den Stroganoffs gehörten die meisten Gold- und Silberminen im Ural. Die Demidoffs hatten ihr Geld dagegen im Waffenhandel gemacht. Elisabeths Sohn Anatol heiratete zum Ärger des Zaren die Tochter Jerôme Bonapartes; da er seine Frau nach russischer Manier zu prügeln pflegte, wurde die Ehe nach fünf Jahren wieder geschieden. Einer alten Überlieferung zufolge winken demjenigen zwei Millionen Goldrubel, der ein ganzes Jahr lang in der Grabkammer zubringt. Erstaunlicherweise hat sich bisher kein Bewerber gemeldet.
Ganz schlicht ist dagegen das meistbesuchte Grab auf dem Père Lachaise (94). Nicht einmal eine Inschrift verrät den Namen des Toten. Daß wir die Stelle überhaupt finden, verdanken wir den zahllosen Wegweisern – ungelenken Pfeilen mit dem lapidaren Zusatz »Jim« – auf den Grabsteinen der Umgebung. Am Ziel angelangt, stoßen wir in der Regel auf ein paar Jugendliche aus verschiedenen Ländern, die in stillem Gedenken die Flasche oder den Joint kreisen

lassen. Wer war »Jim«? Eigentlich hieß er James Douglas. Weltberühmt wurde er unter dem Künstlernamen *Jim Morrison* als Bandleader der »Doors«, einer Rockgruppe, die in den sechziger Jahren sogar den »Rolling Stones« Konkurrenz machte. 1971 starb er, kaum 28jährig, als Opfer von Drogen. Ähnlich wie bei James Dean wuchs sein

Jim Morrison, der am heftigsten betrauerte Tote auf dem Friedhof Père Lachaise

Ruhm mit dem frühen Tod ins Unermeßliche. Alle umliegenden Gräber sind von oben bis unten mit Graffiti in sämtlichen Weltsprachen bedeckt, in denen eine Jugend, der man zu Unrecht Gefühlskälte nachsagt, der Verbundenheit mit ihrem Idol auf teils rührende, teils ironische Weise Ausdruck gibt: »You have such a little place her, Jim, but the biggest place in our heart.« Oder: »Strauß lebt, und Jim mußte sterben.«

Den Rückweg vom Friedhof in die Stadt sollten Sie unbedingt über die Rue de la Roquette nehmen. An der Ecke Rue de la Croix-Faubin standen früher zwei Gefängnisse, la Grande-Roquette und la Petite-Roquette. Zwischen beiden wurden in der zweiten Hälfte des vorigen Jahrhunderts die – bis 1939 öffentlichen – *Hinrichtungen* vollzogen. Hier starben der verrückte Priester Verger (S. 72), der Attentäter Orsini (S. 69) und der Massenmörder Troppmann (S. 152) unter den bewährten Händen des Scharfrichters Heidenreich. Die Stelle, an der die Guillotine stand, ist im Straßenpflaster deutlich zu erkennen: Fünf große Steine waren dazu ausersehen, den Aufprall des – immerhin 40 Kilo schweren – Fallbeils abzufangen. In Anspielung auf die »cinq pierres« hat der Pariser Volkswitz den fatalen Ort zur »Abbaye de Saint Pierre« erhoben.

AUSFLÜGE

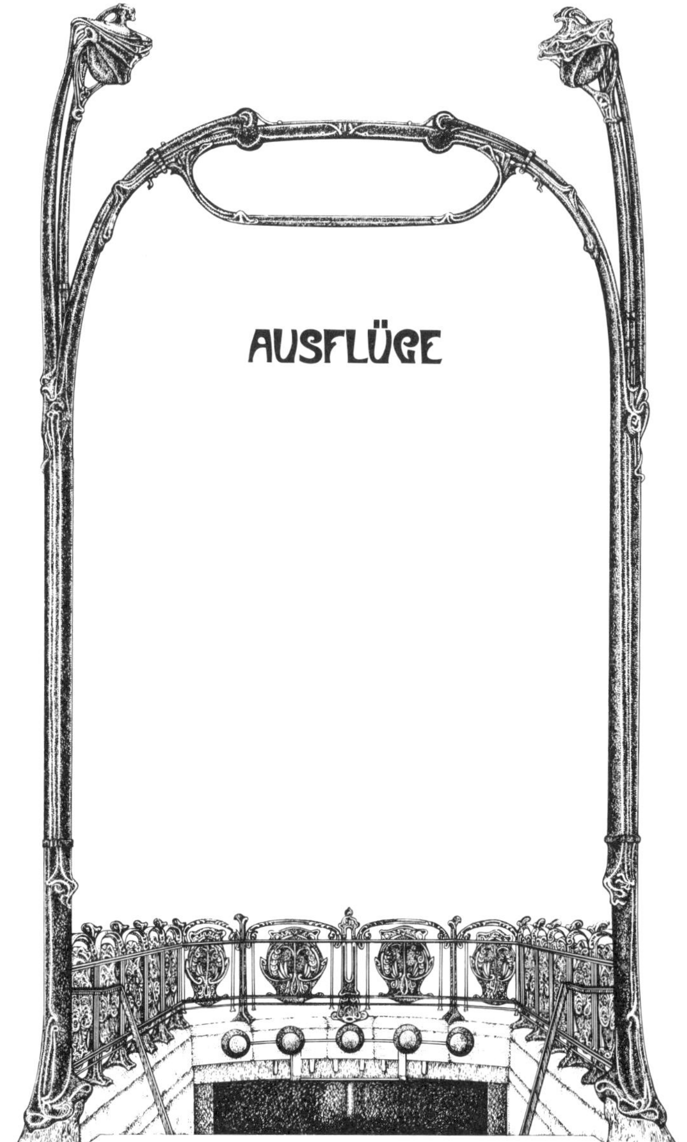

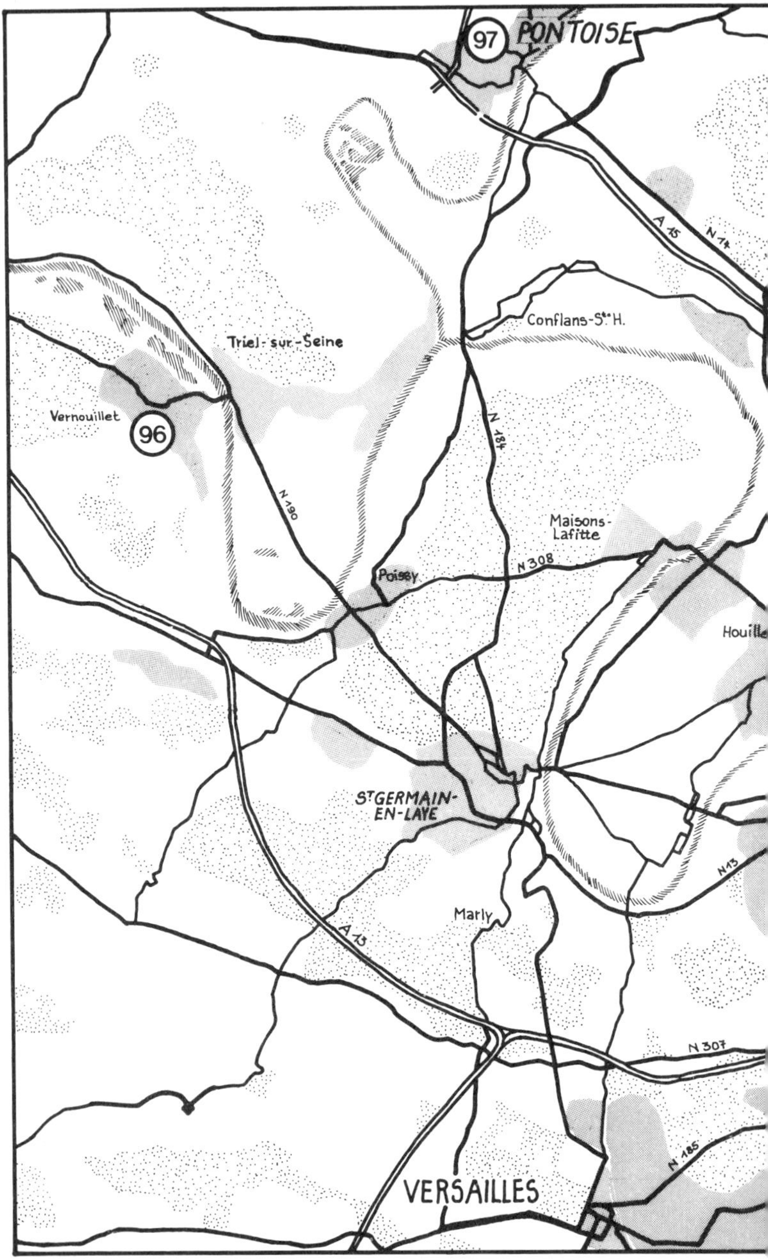

97
PONTOISE
A 15
N 14
Conflans-Ste H.
Triel-sur-Seine
Vernouillet
96
N 184
N 190
Maisons-Lafitte
N 308
Poissy
Houille
StGERMAIN-EN-LAYE
N 13
Marly
A 13
N 307
N 185
VERSAILLES

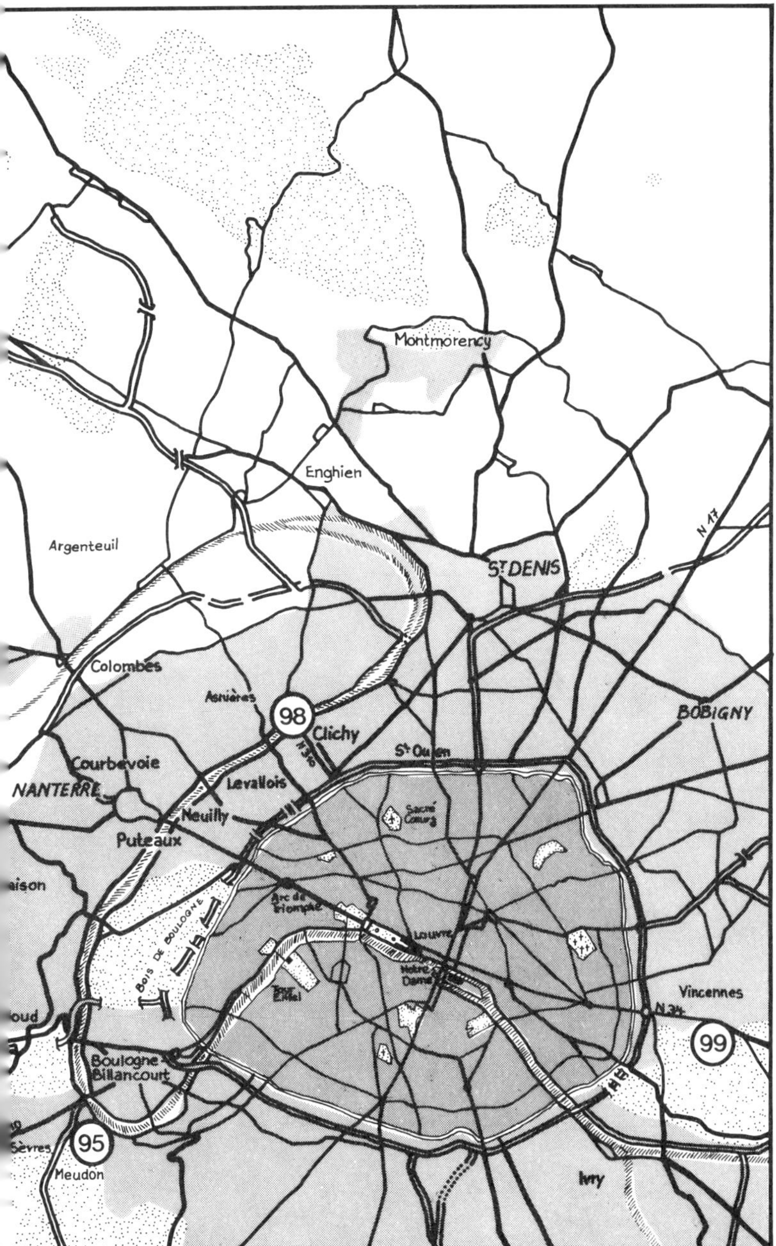

Montmorency
Enghien
Argenteuil
St DENIS
N 17
Colombes
Asnières
98
Clichy
St Ouen
BOBIGNY
Courbevoie
NANTERRE
Levallois
Neuilly
Sacré Cœur
Puteaux
Arc de Triomphe
BOIS DE BOULOGNE
Louvre
Notre Dame
Tour Eiffel
Vincennes
N 34
99
Boulogne-Billancourt
Sèvres
95
Meudon
Ivry

Der erste Ausflug führt den Paris-Besucher gewöhnlich nach Versailles. Wenn er nicht die Autobahn, sondern die Landstraße (N 10) benutzt, genügt ein kleiner Abstecher, um ihn nach Meudon zu bringen. Im nördlichen Ortsteil Bellevue (95) ließ sich Madame de Pompadour, verführt vom schönen Blick über die Seine, ein Lustschloß bauen. Ganz in der Nähe, 27 Avenue du Château, schrieb Richard Wagner im Sommer 1841 seinen »Fliegenden Holländer« (Gedenktafel). Kurz darauf fiel das Schloß dem Bau der Eisenbahn zum Opfer. Das einzige, was von ihm übriggeblieben ist, sind ein paar Arkaden, die zum Kühlhaus gehörten; die daran vorbeiführende Straße heißt denn auch Avenue de la Glacière.

Gleich um die Ecke, im Chemin des Lacets – »lacets« sind Schnürsenkel, aber auch Fangstricke oder Schlingen – mietete im Jahre 1905 eine Madame Prévost das Haus Nr. 28, eine Villa im damals beliebten Schweizerstil mit dem geradezu ökologischen Namen »Le Vert Logis«*. Den Nachbarn fiel auf, daß sie sich mit häufig wechselnden Herren im Garten erging. Was sie nicht ahnen konnten, war, daß die nicht mehr ganz junge Dame wenige Jahre zuvor im Mittelpunkt eines gigantischen Skandals gestanden hatte: Am 16. Februar 1899 war der Präsident der französischen Republik, Félix Faure, unter höchst verfänglichen Umständen in ihren Armen verschieden.

Der richtige Name der geheimnisvollen Mieterin war *Marguerite Steinheil.* Verheiratet war sie mit dem Maler Adolphe Steinheil; obgleich ein Neffe des großen Meissonier, hatte er zunehmend Schwierigkeiten, seine Bilder abzusetzen. Kurzentschlossen nahm Marguerite die Versorgung ihrer Familie selbst in die Hand. In Meudon empfing

*Am einfachsten zu erreichen über den Pont de Sèvres: Dort rechts ab, dann gleich wieder links auf die N 187; nach 500 m rechts die Serpentinen hoch (das Einbahnstraßenschild gilt nicht für Anlieger).

Marguerite Steinheil mit einer ihrer Herrenbekanntschaften im Garten ihres Hauses in Bellevue

sie zahlungskräftige Herren, die sich die Schäferstündchen mit der »Pompadour der Republik« einiges kosten ließen. Ihrem Mann erzählte sie nach der Rückkehr, »Tante Lili« habe wieder einen Scheck geschickt, was dieser nur allzu gern glaubte. Eines Tages tauchte ein ernsthafter Bewerber auf, ein Monsieur de Borderel, Witwer mit sieben Kindern, der ein Schloß und mehrere Güter in den Ardennen besaß. Er machte Marguerite einen Heiratsantrag. Nun war die Ehescheidung in Frankreich zwar seit 1884 gesetzlich möglich; doch galt eine geschiedene Frau in der guten Gesellschaft noch immer als verfemt.
Da trat ein Ereignis ein, das dem Dreiecksverhältnis eine dramatische Wende gab: Am 31. Mai 1908, Pfingstsonntag, wurde Marguerite Steinheil in ihrer Pariser Wohnung – 8 Impasse Ronsin; leider hat man das Haus vor kurzem abgerissen – an ihr Bett gefesselt gefunden. Ihr Mann und ihre Mutter lagen in ihren jeweiligen Schlafzimmern erdrosselt am Boden. Drei vermummte Männer, so erklärte sie, und eine rothaarige Frau seien um Mitternacht ins Haus

gedrungen und hätten ihren Schmuck geraubt. In der Dunkelheit hätten die Einbrecher sie offenbar für ihre kleine Tochter gehalten und daher verschont. Untersuchungsrichter Leydet, der selbst von den Reizen der »Lustigen Witwe« gekostet hatte, glaubte ihr aufs Wort. Anders Presse und öffentliche Meinung. Nachdem auch ein Sachverständiger die Ansicht vertreten hatte, die Fesselung, in der man Madame Steinheil vorgefunden habe, könne unmöglich echt gewesen sein, wurde sie festgenommen und nach fast einjähriger Untersuchungshaft vor Gericht gestellt. Trotz starker Verdachtsmomente konnte man ihr den Doppelmord jedoch nicht nachweisen. Am 14. November 1909 wurde sie unter heftigen Unmutsäußerungen des Publikums freigesprochen. Sie schiffte sich sofort nach England ein und heiratete dort einen Großgrundbesitzer. 1954 ist sie, 86jährig, als Lady Brook-Abinger auf ihrem Landsitz gestorben. Das Haus in Meudon steht noch immer unverändert da, doch wird die »belle vue« über den Fluß, die Madame Pompadour und ihre ebenbürtige Nachfolgerin begeistert hatte, heute durch die Renault-Werke stark beeinträchtigt.
Den umgekehrten Fall, nämlich die Wirkungsstätte eines Mannes, der eine unheimliche Macht über Frauen besaß, finden wir seineabwärts im Dörfchen Vernouillet (96), (erreichbar zunächst über N 13, ab St-Germain-en-Laye N 190 Richtung Poissy-Meulan, in Triel-sur-Seine links ab). Hier mietete im Dezember 1914 ein Monsieur Diard das Anwesen 47 Rue de Mantes (heute: Rue Paul Doumer), ein düsteres Haus mit Natursteinfassade und Klinkerfries, dem er den anheimelnden Namen »The Lodge« (zu deutsch: Jagdhütte, Wigwam) gab. Mit ihm zog die Wäscherin Georgette Cuchet und deren 17jähriger Sohn André ein. Diard hatte sie im Februar durch eine Anzeige kennengelernt: »Seriöser Herr wünscht Witwe oder unverstandene Frau, 35 bis 45 Jahre alt, zu ehelichen.« Bald waren die

beiden unzertrennlich. Als Georgette ihren Angehörigen zu verstehen gab, sie werde sich demnächst wieder verheiraten, begehrten diese, den Zukünftigen in Augenschein zu nehmen. Der Eindruck, den er auf die Familie machte, war nicht gut. Er hatte eine Glatze, einen ins Rötliche spielenden, struppigen Vollbart und stechende Augen. Aber alle Einwände prallten an der leidenschaftlich verliebten Frau ab. »Ich weiß wohl, daß er nicht schön ist«, gab sie zur Antwort, »aber er ist so liebenswürdig.« Außerdem singe er ihr abends mit seinem herrlichen Bariton Lieder vor. Was Georgette verschwieg, war seine ungewöhnliche Potenz. »Er huldigte Venus«, erklärte eine der Zeuginnen später im Prozeß, »vor dem Einschlafen, während der Nacht und beim Aufwachen.« Ende Januar 1915 verlieren sich die Spuren von Madame Cuchet und ihrem Sohn im Dunkel. Beide wurden nie wieder gesehen.

Am 15. Juni 1915 zog eine neue Braut in die »Lodge« ein. Es war die 46jährige Madame Laborde-Line, Witwe eines Hoteliers aus Südamerika. Auch sie hatte die Bekanntschaft des Hausherrn durch eine Anzeige gemacht. Als er ihr vorschlug, zu ihm nach Vernouillet zu ziehen, war sie sofort Feuer und Flamme. Freudestrahlend verabschiedete sie sich von ihrer Concierge: »Ich werde Ihnen schreiben. Mein Sohn in Troyes wird Ihnen sagen, wo ich mich nach meiner Hochzeit aufhalte.« Mit der Taxe fuhr sie zum Bahnhof St. Lazare, wo ihr Verlobter sie erwartete. Abends trug er in sein Notizbuch ein:

»eine Rückfahrkarte	4,95
eine einfache Fahrkarte	3,95«

Danach hat nie wieder jemand etwas von ihr gehört.

Am gleichen 15. Juni, während Madame Laborde-Line ihre Koffer packte, bereitete ihr Bräutigam schon seinen nächsten Coup vor. In der Rue Crozatier besuchte er Marie Guillin, eine 51jährige vollschlanke Hausdame mit Perücke und falschen Zähnen, die jedoch den unschätzbaren Vorzug besaß, von ihrer letzten Herrschaft 20 000 Francs geerbt zu haben. Wieder war es eine Anzeige gewesen, die sie mit dem liebenswürdigen bärtigen Herrn zusammengeführt hatte. Im Juli besuchte sie ihn mehrfach in der »Lodge«. Dabei fiel ihr auf, daß eins der Zimmer ständig verschlossen war. In einem unbeobachteten Augenblick spähte sie durchs Schlüsselloch und entdeckte eine große Anzahl Damenkleider; es waren die Sachen, die ihre beiden Vorgängerinnen nach Vernouillet mitgebracht hatten. Überzeugt davon, daß sich ihr Freund neben ihr eine zweite Mätresse halte, machte sie ihm eine lautstarke Szene. Er aber lachte nur und erklärte, die Kleider gehörten seiner Mutter. Am 2. August löste Marie Guillin ihren Hausstand in der Rue Crozatier auf und zog nach Vernouillet um. Seit diesem Tag blieb sie verschollen.

Erst vier Jahre später, am 12. April 1919, wurde Diard in seiner Pariser Stadtwohnung, 76 Rue de Rochechouart, verhaftet. In der Zwischenzeit waren sieben weitere Frauen verschwunden, allerdings nicht in Vernouillet, sondern in Gambais, einem Dorf westlich von Versailles, wohin Diard – diesmal unter dem Namen Dupont – sein Hauptquartier verlegt hatte. Sein richtiger Name war weder Diard noch Dupont, sondern *Henri Désiré Landru.* Von Hause aus Ingenieur und Vater von vier Kindern, war er zwischen seinen Liebesaffären jedesmal in aller Ruhe zu seiner Familie zurückgekehrt. Anhand seiner pedantisch geführten Notizbücher stellte sich heraus, daß er mit nicht weniger als 283 Frauen intime Beziehungen unterhalten hatte. Sie wurden alle ausfindig gemacht – bis auf zehn. Nach ihrem Verbleib befragt, erklärte Landru, er sei schließlich nicht der Vormund seiner Freundinnen: »Wenn ich diese Damen getötet habe, zeigen Sie mir bitte ihre Leichen!« Hier lag in der Tat eine Schwäche der Anklage: Zwar hatte man in einem Abstellraum Möbel, Kleider und Papiere der Vermißten gefunden, im Garten von Vernouillet auch Damenstrümpfe und Reste eines Mieders; von den Toten selbst fehlte indes jede Spur. Trotz dieses Schönheitsfehlers wurde Landru aufgrund der erdrückenden Indizien zum Tode verurteilt und am 25. Februar 1922 in Versailles hingerichtet. Als ihn der Gefängnisgeistliche fragte, ob er vorher die Messe hören wolle, erwiderte er: »An sich mit Vergnügen, Hochwürden; ich glaube aber, wir sollten die Herren nicht

Landru vor dem Schwurgericht: »Wenn ich diese Damen getötet habe, zeigen Sie mir bitte ihre Leichen!«

warten lassen.« Chaplin hat sich von diesem Kriminalfall zu seinem Film »Monsieur Verdoux«, einem Meisterwerk des schwarzen Humors, inspirieren lassen. Das Haus in Vernouillet heißt nach wie vor »The Lodge«; bei unternehmungslustigen jungen Leuten ist es als Ziel von Schnitzeljagden beliebt.
Die Leichenteile, deren Fehlen dem Staatsanwalt so großes Kopfzerbrechen bereitet hatte, sind im Musée Tavet-Delacour gegenüber dem Rathaus von Pontoise reichlich vorhanden ⑨⑦. Das Museum besitzt nicht nur die Schädeldecke Ludwigs des Heiligen, sondern auch den Bart Heinrichs IV. und mehrere Zähne Ludwigs XIV. Juwel der Sammlung ist das rechte *Bein der Katharina von Medici*, deren verhängnisvolle Rolle in der Bartholomäusnacht wir bereits gewürdigt haben (S. 28). Wie kam das Bein hierher? Zunächst hatte man die Königinmutter im Schloß von Blois beigesetzt; später wurde sie in die königliche Grablege nach St. Denis überführt. Während der Revolution profanierten plündernde Horden die Sarkophage und warfen die Gebeine auf den Schindanger. Einem royalistisch gesonnenen Monsieur Brulay aus Pontoise ist es zu danken, daß wenigstens einige Körperteile der regierenden Familie vor der Volkswut gerettet wurden (Öffnungszeiten: täglich außer dienstags 10–12 und 14–18 Uhr).

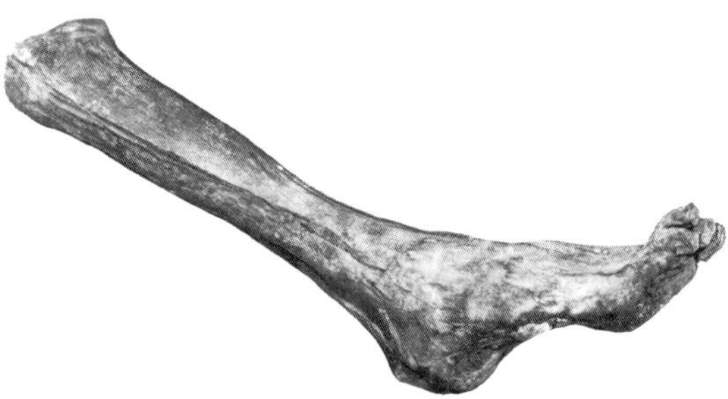

Das Bein der Katharina von Medici

Auf dem Weg nach Pontoise kommt man zwangsläufig am *Hundefriedhof* von Asnières, unmittelbar neben dem Pont de Clichy, vorbei (98). Seinem Namen zum Trotz sind auch andere Tiere hier beerdigt. Gleich am Eingang finden wir den Grabstein von Gribouille, dem »sanften und schönen Schimmel« der Friedhofsgründerin, der im Alter von 35 Jahren starb. Links daneben erhebt sich eine Pyramide zum Gedenken an die Katze Chata der Marquise de Charette, »die am Weihnachtsabend 1925 geheimnisvoll bei mir auftauchte und mich am Vorabend von Allerheiligen 1936 wieder verließ«. Ein weiteres Pferd, Troytown, ist im Juni 1920 beim Rennen in Auteuil tödlich gestürzt: »We never shall see your like again.« Auch Vögel und Affen sind – mit oder ohne Porträtfoto – vertreten.
In der Mehrzahl sind es aber tatsächlich Hunde, die hier ihre letzte Ruhestätte gefunden haben. Das Rondell am Eingang wird von einem Denkmal für den Bernhardiner Barry beherrscht, der ein verunglücktes Kind aus dem Gebirge trägt: »Er rettete vierzig Menschen das Leben und wurde vom einundvierzigsten getötet.« (Ein Förster hatte ihn für einen Wolf gehalten und erschossen.) Daß die Franzosen im Herzen immer noch Monarchisten sind, läßt sich an den Namen der Verblichenen ablesen: Es wimmelt nur so von Marquisen, Duchessen und Comtessen. Andere wieder erinnern an die »Lustige Witwe«: Rühmt sich dort der pontevedrinische Gesandte seiner intimen Beziehungen zu den Damen des »Maxim«, Lolo, Dodo, Joujou, so heißen die entsprechenden Gegenstücke in Asnières Chouchou, Loulou, Boubou. Auch an Babettes, Lisettes, Zézettes und Pompettes ist kein Mangel. Männliche Hunde tragen hingegen meist würdige Namen wie Titus, Nero, Pluto oder Brother Bill.
Besonders zu empfehlen ist der Besuch des Friedhofs am Allerseelentag. Hunderte von Parisern sind dann damit beschäftigt, das Grab ihres Lieblings mit Blumen zu

schmücken. Auf einem finden wir den Knittelvers: »Déçue par les humains, jamais par mon chien« – »Von den Menschen enttäuscht, niemals von meinem Hund.« Dies Bekenntnis dürfte den meisten Tierfreunden aus der Seele gesprochen sein.

Im Osten von Paris, hart an der Stadtgrenze, erhebt sich das *Schloß von Vincennes* (99). Die ältesten Teile, der Donjon und die Sainte-Chapelle, stammen aus dem 14. und 15.

Ein herrschaftliches Grab auf dem Hundefriedhof von Asnières

Jahrhundert (Führungen täglich außer dienstags 10–12 und 13:30–16 Uhr, im Sommer bis 18 Uhr). Im schönsten Saal des Donjon, der Chambre du Roi in der zweiten Etage, erlag Heinrich V. von England, kurz nachdem er auch die französische Krone gewonnen hatte, seinem chronischen Durchfall. 1574 starb hier, wegen seiner Beteiligung an der Bartholomäusnacht von Gewissensbissen geplagt, Karl IX., kaum 24 Jahre alt, an der Schwindsucht.
Im 17. Jahrhundert zogen die Könige nach Fontainebleau und Versailles um. Vincennes wurde Nobelgefängnis für Häftlinge von Rang. Noch heute vermittelt der Donjon einen guten Eindruck davon, wie es in der Bastille ausgesehen haben muß; freilich waren die Verhältnisse in Vincennes weit ungezwungener. Der erste Gefangene von Geblüt war Heinrich von Navarra, der spätere Henri IV, den Katharina von Medici hier festsetzen ließ. Es folgten die Führer der Fronde, Kardinal Retz und der große Condé. Die Hauptangeklagte des Giftmischer-Prozesses der »Chambre ardente«, Catherine Monvoisin (S. 61), erwartete hier ihr Todesurteil. Mirabeau saß wegen eines Duells ein; sein Zellennachbar war der Marquis de Sade. Im Erdgeschoß kann man immer noch das Loch sehen, das Henri de Latude (S. 56) nach zwei mißglückten Ausbruchsversuchen durch die einen Meter dicke Mauer grub, um sich wenigstens mit den Gefangenen auf dem Hof unterhalten zu können.
Im Februar 1804 wurde eine Verschwörung des Generals Pichegru, der im Auftrag der Bourbonen handelte, aufgedeckt. Um die Royalisten einzuschüchtern, gab Napoleon Befehl, das am leichtesten erreichbare Mitglied der königlichen Familie, den Herzog von Enghien, der seit 1801 im badischen Städtchen Ettenheim lebte, zu verhaften. Am 15. März überschritten französische Dragoner unter grober Verletzung des Völkerrechts die Grenze, nahmen den 27jährigen Prinzen fest und brachten ihn nach Vincennes. Dort wurde er am 21. März von einem Standgericht zum

Erschießung des Herzogs von Enghien im Festungsgraben von Vincennes

Tode verurteilt und noch am gleichen Tag im Festungsgraben erschossen. Die Stelle (an der Südostecke des Schlosses) ist durch eine Gedenksäule markiert. Das Grab des Prinzen finden wir im nördlichen Oratorium der Sainte-Chapelle. Talleyrand kommentierte die Entführung, die seinerzeit ganz Europa erregte, mit den Worten: »Das war nicht nur ein Verbrechen, das war sogar eine Dummheit!«

ZEHN RATSCHLÄGE FÜR DEN PARISER SNOB

Im vorigen Jahrhundert galten in der guten Pariser Gesellschaft zwei eiserne Regeln: Dienstboten stört man nicht beim Essen, und einem Orléans gibt man nicht die Hand. Da die ältere Linie der Bourbonen – jedenfalls in Frankreich – inzwischen ausgestorben ist und das gleiche bei den Dienstboten demnächst bevorsteht, können beide Regeln heute als obsolet angesehen werden.

Zu beachten sind dagegen folgende Grundsätze:

1. Bei »Lipp« ißt »man« nur unten; die obere Etage überläßt man amerikanischen Touristen und kommunistischen Gemeinderäten. Bei »Maxim« speist man mittags im sogenannten »Omnibus«, abends im großen Saal. Bei »Drouant« muß man aufpassen, daß man nicht versehentlich unter die Jury des Prix Goncourt gerät.

2. Heiraten kann man nur in folgenden vier Kirchen: Ste. Clotilde, St. Thomas d'Aquin, St. Honoré d'Eylau, St. Philippe du Roule. Alles andere gilt bei anständigen Leuten als wilde Ehe. Sehr elegant ist es, wenn man sich von einem Familienangehörigen – am besten einem Jesuiten – trauen läßt. Die Eheschließung durch einen Bischof oder gar den Kardinal von Paris gilt dagegen als neureich. Hinwiederum macht es sich gut, wenn der Kardinal der Zeremonie als Zuschauer beiwohnt.

3. Man hat höchstens zwei Kinder; das zweite wird unfreiwillig gezeugt. »La famille nombreuse est à

éviter.«* Selbstverständlich werden die Kinder auf Privatschulen geschickt. In Betracht kommen die Jesuiten von St. Louis de Gonzague (»le Franklin«) und die Oratorianer von Pontoise, für eine mehr auf protestantische Werte – Lustverzicht und innerweltliche Askese – ausgerichtete Erziehung die Ecole alsacienne in der Rue d'Assas. Bei allen drei Instituten handelt es sich übrigens – was deutsche Pädagogen verwirren mag – um Gesamtschulen. Mädchen gehören auf die Schule in der Rue de Lubeck oder nach Ste. Marie-de-Neuilly.

4. Von den zwanzig Pariser Arrondissements sind nur wenige wirklich bewohnbar: das sechste, das siebte, das achte und das sechzehnte. Am nobelsten sind das siebte Arrondissement (Faubourg St. Germain) und die Ile St. Louis.

5. Die mit weitem Abstand vornehmste gesellschaftliche Vereinigung ist noch immer der Jockey-Club. Da dort mehr Wert auf angeborene als erworbene Verdienste gelegt wird, ist der Beitritt praktisch ausgeschlossen. Abgeblitzte Kandidaten trösten sich im Cercle Interallié oder im Travellers Club. Letzterer ist vor allem Bridgespielern und Alkoholikern zu empfehlen.

6. Unabdingbare Voraussetzung für den echten Snob ist die korrekte Aussprache aristokratischer Familiennamen. Einige Beispiele: Broglie wird »Breuil« ausgesprochen, Castries »Castres«, Enghien »Enghin« und Croy »Crouy«. Der Vater der Madame de Staël, Baron Necker, und das nach ihm benannte Hospital heißt bei feinen Leuten nicht »Neckähr«, sondern »Nèkre«. (Nerval reimte sogar »Weber« auf »funèbre«.) Nennt jemand sich hingegen du

*Philippe du Puy de Clinchamps, Le snobisme (Paris 1966), S. 77

Boys und behauptet, das Schluß-s sei stimmhaft, so wird der Kenner sich nicht täuschen lassen, sondern sofort einen Monsieur Dubois wittern, der seinem durch und durch bürgerlichen Namen durch preziöse Orthographie einen aristokratischen Anstrich zu geben sucht. Eine feinsinnige Anspielung bei Tisch – etwa: »Puis-je reprendre quelques petits poisses?« – wird dem Gastgeber zeigen, daß man den Schwindel durchschaut hat.

7. Zwischen dem 1. Oktober und dem 15. April trägt die Dame von Welt keine blauen Sachen (reine Sommerfarbe).

8. Krankenhäuser werden selbstverständlich nicht nach ihrer medizinischen Qualität, sondern nach ihrem gesellschaftlichen Rang ausgewählt. Ähnlich wie bei den Schulen kommen nur Privatkliniken in Frage. Den höchsten Snob appeal haben die Clinique Belvédère in Boulogne und das American Hospital in Neuilly. Von seinen Krankheiten offen zu sprechen, gilt längst nicht mehr als unfein – auch nicht beim Essen. Allerdings wird der geübte Causeur Leiden, die die Phantasie stark anregen (Würmer, Ekzeme) erst beim Nachtisch zur Sprache bringen. Die früher als vornehm geltende Gicht, die typische Schloßherren-Krankheit, ist heute lächerlich geworden und daher als Gesprächsthema tabu.

9. Beerdigen läßt man sich vorzugsweise auf dem Friedhof des Dorfes, aus dem die Familie stammt und wo man seinen Landsitz hat. In Ermangelung eines solchen kommen von den Pariser Friedhöfen eigentlich nur drei in Frage: Picpus, Passy und Père Lachaise. Leider hat Passy eine lange Warteliste. Zum Friedhof von Picpus haben überhaupt nur Nachfahren jener Opfer des jakobinischen Terrors – darunter übrigens auch der berühmte Freiherr von der Trenck –

Zutritt, die dort bestattet wurden. Wer also Wert darauf legt, in diesem wohl nobelsten Pariser Friedhof beerdigt zu werden, muß durch Einheirat in eine geeignete Familie rechtzeitig vorsorgen.

10. Der angemessene Ort für einen Freitod ist – wie die Beispiele Montherlant und Romain Gary zeigen – das eigene Haus. (Überflüssig zu betonen, daß beide im 7. Arrondissement wohnten.) Der naheliegende, wenn auch inzwischen erschwerte Sprung vom Eiffelturm gilt als ausgesprochen kleinbürgerlich. Völlig indiskutabel ist die bei den Proletariern von Belleville beliebte Selbstmörderbrücke in den Buttes-Chaumont. In Betracht kommt allenfalls ein Sprung vor die Métro, aber auch hier gibt es feine Unterschiede. Stillos wäre z.B. ein Selbstmord auf der Strecke Balard–Créteil. Annehmbar erscheinen dagegen die Stationen zwischen Miromesnil und St. François-Xavier oder zwischen Place de la Concorde und Porte de Neuilly.

PERSONEN-, ORTS- UND SACHREGISTER

BILDNACHWEIS

S. 10, 76: Réunion des musées nationaux; S. 13, 15, 51, 105, 107, 112, 137, 150, 156, 167, 169, 186: Aufnahmen des Verfassers; S. 22: Comédie française; S. 28, 60, 77, 79, 88, 110, 144, 159: Bibliothèque Nationale; S. 38, 116, 148: Bildarchiv Roger-Viollet; S. 50: Bibliothèque Historique de la Ville de Paris; S. 55: Archives nationales; S. 63, 69, 183: Musée de la Police; S. 74: Notre Dame; S. 94: Musée Dupuytren; S. 119: Musée de l'Armée; S. 125: Musée du Cinéma; S. 126: Musée Clemenceau; S. 129, 130: Musée Balzac; S. 132: Pierre Marly; S. 184: Musée Tavet-Delacour, Pontoise. Alle übrigen Abbildungen stammen aus den Beständen des Musée Carnavalet, Paris.